W0248155

Christa Rolf

# Nähen für Advent und Weihnachten

Geschenkideen • Dekorationen • Patchwork & Quilts und mehr

OZ creativ

# VORWORT

## *Liebe Leserinnen, liebe Leser,*

*erwartungsvolle Kinderaugen, der Duft nach Zimt und Anis, stimmungsvoller Adventschmuck und Kerzenschein. Alle Jahre wieder nähen und basteln wir liebevolle Dekorationen, um eine gemütliche Stimmung zu schaffen.*

*In diesem Buch finden Sie eine Fülle neuer Ideen zum Nähen, Quilten und Applizieren. Schmückende Kleinigkeiten und nette Geschenke sind – auch von Anfängerinnen – mit wenig Aufwand schnell genäht. Ebenso finden anspruchsvolle Quilterinnen neue Anregungen und viele hilfreiche Tipps.*

*Schritt für Schritt Anleitungen und viele Schemazeichnungen machen das Nachnähen leicht. Im anschließenden Lehrgang finden Sie weiterführende Informationen zu den angewandten Nähtechniken. Der Vorlagenteil am Ende des Buches enthält alle benötigten Schnittmuster.*

*Ich wünsche mir, dass dieses Buch Ihre Erinnerungen aus den Kindertagen wieder aufleben lässt. Viel Erfolg beim Nähen und Spaß dabei wünscht*

*Ihre*

*Christa Rolf*

# INHALT



◆ = *für Anfänger* ◆◆ = *Vorkenntnisse erforderlich* ◆◆◆ = *für Fortgeschrittene*

*Die Farbfolge der Streifen wechselt in den einzelnen Blöcken*

## Elch im Log-Cabin-Muster

**Größe:**
79 x 79 cm
**Vorlage:**
Seite 51
**Schwierigkeitsgrad:**
◆◆

# Grüße aus dem Norden

## MATERIAL

**Stoffe für Log Cabin Blöcke**
- Beige gemustert, 9 verschiedene, je 0,10 m
- Braun gemustert, 9 verschiedene, je 0,10 m
- Grün gemustert, 9 verschiedene, je 0,10 m

**Stoff für Randstreifen und Einfassung**
- Braun gemustert 0,15 m
- Grün 0,40 m
- Braun kariert 0,30 m

**und:**
- Volumenvlies
- Rückseitenstoff

**Zusätzlich:**
- 2 dunkelbraune Knöpfe von 2,5 cm Durchmesser (Augen)
- 2 dunkelbraune Knöpfe von 1,5 cm (Nase)
- dunkelbraunes Handstickgarn

**Zuschneiden:**
Die Streifen werden über die ganze Stoffbreite (112 cm) geschnitten und erst dann auf die erforderliche Länge gekürzt.

**Log Cabin**
Von allen beige gemusterten Stoffen
je 2 Streifen 2,5 cm breit
Von allen braun gemusterten Stoffen
je 2 Streifen 2,5 cm breit
Von allen grün gemusterten Stoffen
je 2 Streifen 2,5 cm breit
**Randstreifen**
Brauner Stoff 4 Streifen, 3 cm breit
Grüner Stoff 4 Streifen, 9,5 cm breit

**Nähen:**
**Log Cabin Muster**
Um die einzelnen Blöcke einer Farbfamilie (z.B. grüne Blöcke) möglichst abwechslungsreich zu gestalten, werden die einzelnen Stoffe einer Farbe ausgetauscht. Das bedeutet, dass die Farbfolge von Block zu Block wechseln kann.

Für jeden der 144 Blöcke die folgenden Streifen zuschneiden, die laufende Nummer gibt die Position des Streifens innerhalb des Blocks an.

| | |
|---|---|
| 1. Streifen | 2,5 x 2,5 cm |
| 2. Streifen | 2,5 x 2,5 cm |
| 3. Streifen | 2,5 x 3,5 cm |
| 4. Streifen | 2,5 x 3,5 cm |
| 5. Streifen | 2,5 x 4,5 cm |
| 6. Streifen | 2,5 x 4,5 cm |
| 7. Streifen | 2,5 x 5,5 cm |
| 8. Streifen | 2,5 x 5,5 cm |
| 9. Streifen | 2,5 x 6,5 cm |

Die Anordnung der Streifen im Block.

**Insgesamt werden benötigt:**
Blöcke einer Farbe:
24 Beige, 26 Braun, 54 Grün
Blöcke mit mehreren Farben:
8 Beige-Grün, 12 Beige-Braun,
20 Grün-Braun.

Die Anordnung der unterschiedlichen Blöcke, aus denen der Kopf gebildet wird, ist auf Seite 51 abgebildet. Je zwölf Blöcke zu zwölf Reihen und diese untereinander nähen.
Die braun gemusterten Streifen auf die erforderliche Länge kürzen und ringsherum annähen, zuerst an zwei gegenüberliegende Kanten, dann an die beiden anderen. Die vier Randstreifen aus grünem Stoff ebenso annähen.

**Quilten:**
Vlies und Rückseitenstoff etwas größer als die Vorderseite zuschneiden. Alle drei Lagen mit Sicherheitsnadeln aufeinander stecken. Rings um Kopf und Geweih quilten. Den Rand nach Belieben quilten.

**Randeinfassung:**
Vlies und Rückseitenstoff auf die Maße der Vorderseite zurückschneiden. Einfassung mit vier braun karierten Streifen von 6,5 cm Breite nähen, wie im Lehrgang „Randeinfassung", Seite 50 beschrieben.

**Fertigstellung:**
Die Knöpfe für Augen und Nase aufnähen. Die Mundlinie mit dem Handstickgarn aufsticken. Auf der Rückseite oben und unten einen Tunnel nähen, um den Quilt aufzuhängen.

# Liebevolle Kleinigkeiten

## Adventskalender

**Größe:**
6 x 8 cm

**Schwierigkeitsgrad:**
◆

## MATERIAL

- 3 verschiedene blau karierte Flanellstoffe, je 0,25 m

**Zusätzlich:**

- Naturfarbene Zackenlitze
- Paketkordel
- verschiedene dekorative Knöpfe aus Holz, Plastik oder Porzellan

**Zuschneiden:**
Aus den drei Flanellstoffen jeweils acht Rechtecke von 10,5 x 14 cm

**Nähen:**
Entlang der oberen Kante den Stoff zweimal jeweils 0,75 cm zur linken Stoffseite hin umschlagen und knappkantig feststeppen. Auf der gewünschten Anzahl von Täschchen parallel zur unteren Kante (Abstand ca. 2 cm) die Zackenlitze ein bzw. zweimal aufsteppen. Den Stoff zur Hälfte rechts auf rechts aufeinander legen und die seitliche und die untere Naht füßchenbreit zusammennähen. Die Kanten mit Zick-Zack-Stich versäubern.

**Fertigstellung:**
Die Täschchen wenden und die Ecken herausarbeiten. Aus der Paketkordel 24 Abschnitte von jeweils 12 cm schneiden und als Aufhänger annähen. Je nach Wunsch die verschiedenen Knöpfe auf der Vorderseite der Täschchen befestigen.

## TIPP

*Für diesen Adventskalender lassen sich gut viele verschiedene Stoffreste verwenden.*
*Die Täschchen jedes Jahr zum 1. Dezember an einem schönen Platz aufhängen und neu füllen. So machen Sie auch Erwachsenen Freude.*

# Rudis bester Freund

## MATERIAL

- Stoff A 0,10 m naturfarbener Plüsch
- Stoff B 0,15 m rot-beige karierter Flanell
- kleine Stücke von rotem Flanell
- synthetische Füllwatte

**Zusätzlich:**
- 4 rote Knöpfe von 1,5 cm Durchmesser
- kleine Stücke von braunem und beigem Filz
- braunes Handstickgarn
- etwas hellbraune Wolle

**Zuschneiden:**

| | |
|---|---|
| 2 x Kopf | Stoff A (zuzüglich Nahtzug.) |
| 1 x Schwanz | Stoff A (zuzüglich Nahtzug.) |
| 2 x Körper | Stoff B (zuzüglich Nahtzugabe, gegengleich) |
| 2 x Ohren | beiger Filz (ohne Nahtzug.) |
| 1 x Geweih | brauner Filz (ohne Nahtzug.) |
| 1 x Schal | roter Flanell 3 x 25 cm |
| 1 x Flicken | roter Flanell 2,5 x 2,5 cm |

**Beine:**
Je einen Streifen von 5 x 50 cm aus Stoff A und einen von 10 x 50 cm aus Stoff B längs aneinandernähen. Daraus 8-mal das Bein zuzüglich Nahtzugabe ausschneiden, die gestrichelte Linie liegt auf der Naht zwischen den beiden Stoffstreifen.

**Nähen:**
Zwei jeweils zusammengehörige Teile rechts auf rechts zusammennähen, dabei ein Stück der Naht zum Wenden geöffnet lassen.

**Fertigstellung:**
Körper, Beine und Kopf wenden, mit Füllwatte stopfen. Wendeöffnungen von Hand schließen. Kopf und Beine an den Körper nähen. Auf die Ansätze der Beine die vier Knöpfe nähen. Augen und Nasenlöcher sticken, Geweih und Ohren annähen. Den Flicken mit dem Wollrest aufnähen. Den Schwanz knapp entfernt von der Außenkante mit Vorstichen einreihen, zusammenziehen, mit etwas Füllwatte stopfen und an den Körper nähen. Schal ausfransen und dem Elch umbinden.

## Country-Elch

**Größe:**
20 cm hoch

**Vorlagen:**
Seite 53

**Schwierigkeitsgrad:**
◆◆

*36 Log-Cabin Blöcke sind von einer Ilex-Bordüre umrankt*

## Tischdecke mit Ilex-Ranken

**Größe:**
110 x 110 cm
**Vorlage:**
Seite 58
**Schwierigkeitsgrad:**
◆◆

### *HINWEIS*

Die Ilex-Bordüre im Rand ist in der Methode „Needle-turn-Applikation" genäht, siehe Lehrgang „Applikationen" Seite 49 und 50.

# Stimmungsvoller Tisch

## MATERIAL

- Stoffe A–G: je 0,15 m Beige gemustert (7 dunkle Log-Cabin Streifen)
- Stoffe H–N: je 0,15 m Hellnatur gemustert (6 helle Log-Cabin Streifen)
- Stoff O: 0,45 m Rot gemustert (Randstreifen, Einfassung)
- Stoff P: 0,55 m Beige gemustert (Rand)
- Stoffreste in Grün und Braun (Applikation)
- Volumenvlies
- Rückseitenstoff

**Zusätzlich:**
40 kleine rote Knöpfe mit 5 mm Durchmesser (Beeren)

**Zuschneiden:**
Die Streifen werden über die ganze Stoffbreite (112 cm) geschnitten und erst dann auf die erforderliche Länge gekürzt.

**Log Cabin**
Stoffe A–G 3 Streifen 3,5 cm breit
Stoffe H–N 3 Streifen 3,5 cm breit
**Randstreifen**
Stoff O 4 Streifen 3 cm breit
Stoff P 4 Streifen 13 cm breit

**Nähen:**
**Log Cabin Muster**
Um die einzelnen Blöcke möglichst abwechslungsreich zu gestalten, werden die dunklen Stoffe untereinander ausgetauscht, ebenso die hellen. Für jeden der Blöcke die folgenden Streifen zuschneiden, die laufende Nummer gibt die Position des Streifens innerhalb des Blocks an.

| | | |
|---|---|---|
| Dunkler Stoff | 1. Streifen | 3,5 x 3,5 cm |
| Heller Stoff | 2. Streifen | 3,5 x 3,5 cm |
| Heller Stoff | 3. Streifen | 3,5 x 5,5 cm |
| Dunkler Stoff | 4. Streifen | 3,5 x 5,5 cm |
| Dunkler Stoff | 5. Streifen | 3,5 x 7,5 cm |
| Heller Stoff | 6. Streifen | 3,5 x 7,5 cm |
| Heller Stoff | 7. Streifen | 3,5 x 9,5 cm |
| Dunkler Stoff | 8. Streifen | 3,5 x 9,5 cm |
| Dunkler Stoff | 9. Streifen | 3,5 x 11,5 cm |
| Heller Stoff | 10. Streifen | 3,5 x 11,5 cm |
| Heller Stoff | 11. Streifen | 3,5 x 13,5 cm |
| Dunkler Stoff | 12. Streifen | 3,5 x 13,5 cm |
| Dunkler Stoff | 13. Streifen | 3,5 x 15,5 cm |

Die Anordnung der Streifen im Block.

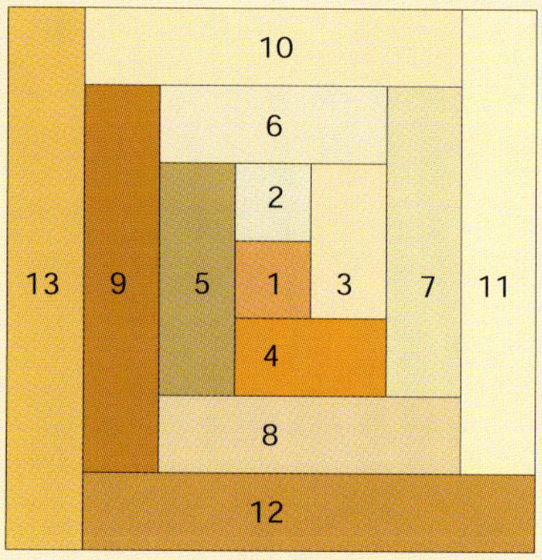


Insgesamt 36 Blöcke nähen. Je sechs Blöcke zu einer Reihe und sechs Reihen untereinander nähen. Das Foto zeigt die Anordnung der Blöcke. Die vier roten Streifen auf die erforderliche Länge kürzen und ringsherum annähen, zuerst an die seitlichen Kanten, dann an Ober- und Unterkante. Die vier Randstreifen aus Stoff P ebenso annähen.

**Applikation:**
In jede Ecke einen 50 cm langen Streifen in schwungvoller Linie als Ranke aufnähen. Dafür einen fertigen Schrägstreifen verwenden oder einen 4,5 cm breiten Streifen aus braunem Stoff im schrägen Fadenlauf zuschneiden und mit einem Schrägbandformer (z.B. von Prym) selbst formen. An jede Ranke neun Blätter nähen, wie das Foto zeigt.

**Quilten:**
Vlies und Rückseitenstoff etwas größer als die Vorderseite zuschneiden. Alle drei Lagen aufeinander montieren. Die Blöcke nach Wunsch, auf dem Rand Diagonallinien, und den Umriss der Ranke quilten.

**Randeinfassung:**
Einfassung aus vier roten Streifen von 6,5 cm Breite nähen, wie im Lehrgang „Randeinfassung", Seite 50 beschrieben.

**Fertigstellung:**
An jede Ranke zehn kleine rote Knöpfe als Beeren nähen.

*Ein kleiner Wald begrünt das weihnachtliche Heim*

## Tannenbäume zum Aufstellen

**Größen:**

1. Größe: 12 cm hoch
2. Größe: 14 cm hoch
3. Größe: 16 cm hoch
4. Größe: 18 cm hoch

**Vorlagen:**

Seite 54

**Schwierigkeitsgrad:**

◆

# O Tannenbaum...

## MATERIAL

- Verschiedene grün gemusterte Stoffe
- synthetische Füllwatte

**Zusätzlich:**

- Baumscheiben von 2 cm Dicke und ca. 4–5 cm Durchmesser
- Rundhölzer von 6 mm Durchmesser

**Zuschneiden:**

Für jeden Baum die entsprechende Vorlage zweimal auf die Rückseite des Stoffes übertragen und zuzüglich Nahtzugabe ausschneiden. Die Rundhölzer in Abschnitte sägen:

1. Größe: 15 cm lang
2. Größe: 17 cm lang
3. Größe: 19 cm lang
4. Größe: 21 cm lang

**Nähen:**

Die beiden Stoffteile rechts auf rechts aufeinander legen und ringsherum zusammennähen. An der Unterkante 3–4 cm der Naht zum Wenden geöffnet lassen. Nahtzugabe an den Ecken bis kurz vor die Naht zurückschneiden.

**Fertigstellung:**

Den Tannenbaum wenden und mit Füllwatte stopfen. Rundholz in die Füllwatte schieben und die Wendeöffnung bis an den Stab zunähen. In die Mitte der Baumscheibe eine Öffnung bohren und darin das Rundholz mit etwas Holzleim befestigen.

*Das schiefe Haus wird in der Methode „Nähen nach Zahlen" gearbeitet*

# In diesem Haus wohnt Santa Claus

## Quilt mit Schlaufen

**Größe:**
40 x 44 cm (ohne Schlaufen)
Vorlagen:
Seiten 54 und 55
**Schwierigkeitsgrad:**
♦♦♦

### HINWEIS

*Besonders komfortabel für diese Methode ist ein wasserlösliches Papier, das sich durch Eintauchen in Wasser innerhalb von 10 Sekunden entfernen lässt, z.B. SULKY® Paper Solvy.*

## MATERIAL

**Häuserblock**
- Stoff A 0,40 m Beige gemustert
- Stoff B 0,10 m Rot gemustert
- Stoff C 0,20 m Grün gemustert
- kleine Stücke in Hellbraun, Dunkelbraun, Schwarz, Natur, verschiedene Beigetöne, verschiedene Grüntöne

**Sternenblöcke**
- Stoff D 0,15 m Hellbeige gemustert
- kleine Stücke in Maisgelb

**Randstreifen und Schlaufen**
- Stoff E 0,10 m Schwarz gemustert
- Stoff F 0,15 m Rot kariert
- Stoff G 0,10 m Rot gemustert

**und:**
- Rückseitenstoff
- Volumenvlies

**Zusätzlich:**
- 3 Bögen SULKY® Paper Solvy
- 2 Holzknöpfe von 1,5 cm Durchmesser
- 10 cm Paketschnur

**Zuschneiden:**
**Für die Randstreifen:**
Stoff E 3 cm breite Streifen
Stoff F 6 cm breite Streifen
**Für die Schlaufen:**
Stoff G 5,5 x 14,5 cm, 4-mal

**Nähen:**
Die Segmente (fettgedruckte Linien) der Haus-Vorlage einzeln auf Stickvlies übertragen und zuzüglich Nahtzugabe ausschneiden. Die laufenden Nummern innerhalb der Segmente geben die Nähreihenfolge an. Die eingezeichneten Linien entsprechen den Nahtlinien. Die einzelnen Stoffteile grob zuschneiden und ausreichend Nahtzugabe berücksichtigen. Farbverteilung siehe Foto.

Stoffteil 1 an der entsprechenden Stelle auf die Rückseite des Stickvlieses stecken, die rechte Stoffseite zeigt dabei nach oben. Teil 2 rechts auf rechts auf Teil 1 stecken. Das Papier umdrehen und entlang der aufgezeichneten Nahtlinie zwischen den Feldern 1 und 2 mit Stichlänge 1,5 nähen. Teil 2 umklappen und bügeln. Teil 3 und die weiteren Stoffstücke ebenso annähen bis das Segment fertig ist. Alle Segmente fertig stellen und nach der Vorlage aneinander setzen. Drei Sternenblöcke nach Zahlen (wie das Haus) zusammensetzen und an den Häuserblock nähen. Zum Entfernen des wasserlöslichen Papiers den Stoff in Wasser tauchen.

Die Randstreifen aus Stoff E auf die benötigte Länge schneiden. Zuerst die seitlichen Streifen und dann die Streifen oben und unten annähen. Die Randstreifen aus Stoff F ebenso anfügen. Für die Schlaufen je zwei Rechtecke rechts auf rechts aufeinander legen. Entlang der beiden seitlichen und einer kurzen Kante füßchenbreit zusammennähen. Durch die offene Kante wenden.

Rückseitenstoff in der Größe der Vorderseite zuschneiden. Vorder- und Rückseite rechts auf rechts zusammenlegen. Die offenen Kanten der Schlaufen dazwischenlegen, 4 cm von der Außenkante entfernt. Alles zusammen auf ein Stück Volumenvlies stecken. Ringsherum zusammennähen, dabei an der unteren Kante ein Stück der Naht zum Wenden geöffnet lassen. Volumenvlies bis kurz vor die Naht zurückschneiden, Nahtzugabe des Stoffes der Ecken zurückschneiden. Quilt wenden und Wendeöffnung schließen. Im Schatten der Nähte quilten.

**Fertigstellung:**
Schlaufen nach vorn klappen und mit je einem Knopf fixieren. Enden der Paketschnur mit je einem Knoten versehen und zwischen Tannenbaum und Haus als Wäscheleine aufnähen.

Für den Miniquilt aus kariertem Stoff zwei Rechtecke von 4 x 5 cm im schrägen Fadenlauf zuschneiden, rechts auf rechts zusammennähen, dabei ein Stück Naht zum Wenden geöffnet lassen. Nahtzugabe der Ecken zurückschneiden, wenden, Wendeöffnung schließen und den Miniquilt von Hand an die Wäscheleine nähen.

*Selbst gemachte Anhänger für viele tolle Weihnachtsgeschenke*

# Apfel, Nuss und Mandelkern

## Geschenkbeutel

**Größe:**
20 cm Durchmesser
Kleiner Beutel: 15 cm hoch
Großer Beutel: 19 cm hoch

**Vorlagen:**
Seiten 58 und 61

**Schwierigkeitsgrad:**
◆

### *HINWEIS*

Die Angaben in Klammern beziehen sich auf den großen Geschenkbeutel.

### *TIPP*

Die Vorlage der Sterne (Seite 58) lässt sich auch für Geschenkanhänger, Untersetzer und anderes verwenden.

## MATERIAL

**Kleiner Beutel**
- 0,25 m rot-beige karierter Stoff
- 0,25 m roter Stoff

**Großer Beutel**
- 0,30 m rot-beige gestreifter Stoff
- 0,30 m beige gemustert mit roten Sternen

**und:**
- etwas roter Stoff

**Zusätzlich:**
- 0,40 m (0,60 m) SULKY® Ultra Stable, ein festes Vlies zum permanenten Aufbügeln, verleiht den Geschenkbeuteln die nötige Stabilität.
- Baumwoll-Stickgarn in Beige und Rot, z.B. SULKY Cotton 12, Reste von beigem Filz

**Zuschneiden:**
Je zwei Quadrate SULKY® Ultra Stable von 18 x 18 cm (22 x 22 cm) zuschneiden. Mit Bleistift auf der matten (unbeschichteten) Seite in die beiden unteren Ecken zwei Quadrate von 4 x 4 cm (5 x 5 cm) als Hilfslinien für die Bodenecken einzeichnen

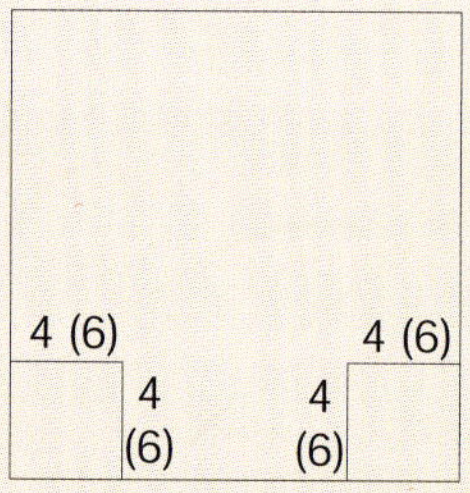


Das Vlies auf die Rückseite des rot karierten (rot gestreiften) Stoffes bügeln. Mit dem auf drei Punkte eingestellten Bügeleisen an jeder Stelle 12–15 Sekunden lang fest aufdrücken. Unten und an den Seiten den Stoff bündig entlang des aufgebügelten Vlieses abschneiden. Obere Stoffkante 5 cm (6 cm) über das Vlies hinausragen lassen.

Aus dem roten (beige gemusterten) Stoff die beiden Teile für das Futter gleich groß zuschneiden. Für die kleine Aufsatztasche auf dem großen Beutel zwei Rechtecke in dem Maß 9 x 11 cm aus rotem Stoff zuschneiden. Den Schriftzug „Merry Christmas" von Hand oder mit der Nähmaschine auf den roten Futterstoff sticken. Die Grundlinie der Schrift befindet sich 2 cm von der Stoffkante entfernt.

**Nähen:**
Die beiden Teile der Aufsatztasche rechts auf rechts verstürzen und die Wendeöffnung schließen. Die Aufsatztasche auf die Vorderseite des großen Beutels nähen, 9 cm von der unteren Stoffkante entfernt.

Beide Beutelteile mit dem aufgebügelten Vlies rechts auf rechts aufeinander legen. Die seitlichen sowie die untere Naht füßchenbreit schließen. Den Boden des Beutels bis zu den Hilfslinien nach innen drücken. Es ergeben sich seitlich zwei abstehende Dreiecke als Bodenecken. Diese entlang der aufgezeichneten Linien abnähen und bis auf die Nahtzugabe zurückschneiden.

Den Futterbeutel ebenso nähen, dabei an einer seitlichen Kante ca. 12 cm der Naht geöffnet lassen. Beutel und Futterteil rechts auf rechts zusammenstecken. Entlang der oberen Kante zusammennähen. Den Beutel durch die Öffnung im Futter wenden. Im Anschluss daran die Wendeöffnung knappkantig zusammensteppen.

**Fertigstellung:**
Am Beutel vorne und hinten die Linie zwischen den Bodenecken mit dem Fingernagel falzen. Futter in den Beutel schieben und entlang der oberen Vlieskante nach außen krempeln. Entlang der Oberkante des kleinen Geschenkbeutels eine etwas gröbere Quiltlinie anbringen. Beim großen Geschenkbeutel die Vorlage des kleinen Sternes auf Filz übertragen, dann ausschneiden und mit groben Quiltstichen mittig auf die Aufsatztasche nähen. Entlang der unteren und den beiden seitlichen Stoffkanten der Aufsatztasche mit Stickgarn quilten.

Merry Christmas

*Auch Einzelbilder dieser Motive sind sehr dekorativ*

## Kaminkette

**Größe:**
16 x 18 cm
**Vorlagen:**
Seite 56
**Schwierigkeitsgrad:**
◆

### HINWEIS

Die Außenkante der applizierten Motive ist mit Zierstich versehen. Müssen die Modelle später gewaschen werden, wie z.B. Topflappen, empfiehlt sich wasserlösliches Stickvlies (SULKY® Ultra Solvy). Bei Dekorationsgegenständen, wie dieser Kaminkette, kann das Stickvlies unter der Applikation verbleiben. Siehe auch Lehrgang „Zierstiche" Seite 50.

# Morgen, Kinder, wird's was geben

## MATERIAL

- Stoff A 0,15 m Naturfarben
- Stoff B 0,10 m Maisgelb
- Stoffe C - F 0,10 m Grün gemustert (4 verschiedene)
- Stoffe G–K 0,10 m Rot gemustert (4 verschiedene)
- Stoff L 0,10 m Mittelbraun
- Vliesofix® 0,10 m
- Stickvlies 0,10 m
- Einlage 0,25 m Volumenvlies
- Rückseitenstoff

**Zusätzlich:**

- 10 Holzknöpfe von 1,5 cm Durchmesser
- Maschinenstickgarn in Natur, z.B. SULKY® Cotton 30
- naturfarbener Bast

**Zuschneiden:**

| Stoff | Anzahl | Maße |
|---|---|---|
| A | 5 | 11,5 x 13,5 cm |
| B | 12 | 2,5 x 13,5 cm |
| C | 8 | 2,5 x 13,5 cm |
| C | 2 | 3,5 x 15,5 cm |
| D | 2 | 3,5 x 15,5 cm |
| E | 2 | 3,5 x 17,5 cm |
| F | 2 | 3,5 x 17,5 cm |
| G | 3 | 3,5 x 15,5 cm |
| H | 3 | 3,5 x 15,5 cm |
| I | 3 | 3,5 x 17,5 cm |
| K | 3 | 3,5 x 17,5 cm |

**Nähen:**
Die Motive auf Vliesofix® übertragen, großzügig ausschneiden und auf die Rückseite des entsprechenden Stoffes bügeln. Motiv entlang der aufgezeichneten Kontur exakt ausschneiden, Trägerpapier abziehen und auf das Mittelteil bügeln. Die Außenkanten der Applikation mit Zierstich versäubern.
An die Motive Herz, Tannenbaum und Stiefel die erste Umrandung aus maisgelbem Stoff nähen, Stern und Lebkuchenmännchen erhalten eine grüne Umrandung. Die Randstreifen als Log-Cabin Runden annähen, bei Stern, Tannenbaum und Lebkuchenmännchen in Rot, bei Herz und Stiefel in Grün.

Rückseitenstoff und Volumenvlies entsprechend zuschneiden. Vorder- und Rückseite rechts auf rechts und beides zusammen auf Volumenvlies legen. Beim Zusammennähen an der Unterkante ein Stück Naht geöffnet lassen. Volumenvlies bis kurz vor die Naht und die Nahtzugabe des Stoffes an den Ecken zurückschneiden. Bilder wenden und Wendeöffnungen schließen. Entlang der Randstreifen im Schatten der Naht quilten. Anschließend die Knöpfe annähen und die einzelnen Bilder mit Bast verbinden.

**Einzelbild**
Für ein hübsches Einzelbild (kleines Foto oben) das Motiv nach der Vorlage von Seite 56 zuschneiden und auf ein naturfarbenes Stoffrechteck von 14 x 16 cm applizieren. Für den Streifenrand unterschiedlich breite Stoffe untereinander setzen, zu Abschnitten schneiden und um das Mittelmotiv nähen.

Bild mit Vlies und Rückseitenstoff verstürzen. Entlang der Randstreifen im Schatten der Naht quilten. Knöpfe annähen und mit Bast den Aufhänger formen.

*Der Kranz mit Herz begrüßt die Gäste schon an der Türe*

## Herzanhänger mit Schachbrettmuster

**Größe:**
8 x 10 cm
**Vorlage:**
Seite 54
**Schwierigkeitsgrad:**
◆◆

## Herzanhänger aus gemustertem Stoff

**Größe:**
8 x 10 cm
**Vorlage:**
Seite 54
**Schwierigkeitsgrad:**
◆

# Mit Liebe zum Detail

## Herzanhänger mit Schachbrettmuster

### MATERIAL

- Stoffstücke in Rot, Beige, Rot-Beige kariert, Rot-Beige klein kariert
- synthetische Füllwatte
- 20 cm Bast

**Zuschneiden:**

| | |
|---|---|
| Roter Stoff | 2,5 x 25 cm |
| Beigefarbener Stoff | 2,5 x 25 cm |
| Klein karierter Stoff | 4,0 x 11 cm |
| Groß karierter Stoff | 9,0 x 11 cm |

**Nähen:**
Für das Schachbrettmuster den roten und beigefarbenen Streifen füßchenbreit längs aneinander nähen. Daraus neun Abschnitte von je 2,5 cm Breite schneiden. Jeden zweiten Abschnitt um 180° drehen, so dass ein Schachbrettmuster entsteht. Die Abschnitte zusammennähen, siehe auch Schemazeichnung Tischset Seite 40.

Den klein karierten Zuschnitt an die eine Seite und den groß karierten an die andere Seite der Schachbrettbordüre nähen. Das Herz entsprechend der Vorlage einmal aus dem Patchwork und einmal aus kariertem Rückseitenstoff schneiden.

Beide Stoffteile rechts auf rechts aufeinander legen und ringsherum zusammennähen. An einer geraden Kante 3–4 cm der Naht zum Wenden geöffnet lassen. Nahtzugabe in der Spitze zurückschneiden und in den Rundungen mehrfach bis kurz vor die Naht einschneiden.

**Fertigstellung:**
Das Herz wenden und mit der Füllwatte stopfen. Die Wendeöffnung von Hand schließen. Den Bast zur Hälfte zusammenlegen und die beiden Enden miteinander verknoten. Den Aufhänger von Hand annähen.

## Herzanhänger aus gemustertem Stoff

### MATERIAL

- Verschiedene Stoffe in Rot-Beige gemustert (Karo, Streifen, Sterne) je 0,10 m
- synthetische Füllwatte

**Zusätzlich:**
- Für die Aufhänger dünne Baumwollkordel in Rot und Beige (oder Paketschnur) jeweils 1 m
- Holzknöpfe von 1 cm Durchmesser, Dekoknöpfe aus Porzellan oder Plastik
- kleine Filzstücke in Rot und Beige
- dickes Quiltgarn

**Zuschneiden:**
Für jedes Herz die entsprechende Vorlage zweimal auf die Rückseite des Stoffes übertragen und zuzüglich Nahtzugabe ausschneiden.

**Nähen:**
Die beiden Stoffteile rechts auf rechts aufeinander legen und ringsherum zusammennähen. An einer geraden Kante 3–4 cm der Naht zum Wenden geöffnet lassen. Die Nahtzugabe der Spitze zurückschneiden und an den Rundungen mehrfach bis kurz vor die Naht einschneiden.

**Fertigstellung:**
Die Herzen wenden und mit Füllwatte stopfen. Die Wendeöffnung von Hand schließen. Die Kordel in Abschnitte von 20 cm schneiden, zur Hälfte legen und die Enden miteinander verknoten. Die Aufhänger von Hand annähen.

**Die Herzen je nach Wunsch verzieren:**
- mit Filz in Form eines Flickens, kleinen Herzens oder eines Sterns,
- mit Schleifen aus Bast oder Stoffresten,
- mit groben Quiltlinien aus Stickgarn parallel zum Rand,
- mit aufgenähten Knöpfen.

*Warme Farben und weicher Flanell machen diesen Quilt zu einem Lieblingsstück*

## Quillow

**Größe:**
137 x 180 cm

**Schwierigkeitsgrad:**
◆◆

# Kuscheliger Winterabend

## MATERIAL

Für diesen besonders kuscheligen Quilt wurde ausschließlich Flanellstoff verwendet. Dies ist ein Baumwollstoff, bei dem die Fasern einer Stoffseite aufgeraut sind. Flanell hat eine flauschige und wärmende Vorderseite und eine glatte Rückseite. Häufig sind Flanellstoffe lockerer gewebt als normale Baumwollstoffe und können daher beim Waschen etwas stärker als gewohnt einlaufen. Nach der Wäsche sind diese Stoffe noch weicher und evtl. auch schwieriger zu verarbeiten.

- Stoff A 0,50 m Blau mit Sternchen
- Stoff B 0,25 m Hellbraun
- Stoff C 0,10 m Grün
- Stoff D 0,10 m Schwarz
- Stoff E 0,20 m Hellnaturfarben kariert
- Stoffe F, G, H je 0,50 m Rot kariert
- Stoffe I, K, L je 0,50 m Beige kariert
- Stoffe M, N je 0,50 m Blau kariert
- Stoff O, P je 0,40 m Grün kariert
- Volumenvlies
- Rückseitenstoff

**Zusätzlich:**
- Maschinenstickgarn in Schwarz und Braun
- Stickvlies zum Ausreißen
- unsichtbares Nähgarn (z.B. SULKY® Invisible)

## *HINWEIS*

Ein Quillow ist eine Kombination aus Quilt und Kissen (=Pillow). Auf der Rückseite des Quilts befindet sich ein Kissenüberzug. Wird der Quilt nicht benötigt, kann er zusammengefaltet in die Kissenhülle gesteckt werden, wie auf Seite 28 beschrieben.

**Zuschneiden:**
Insgesamt werden für den Quilt vier Häuserblöcke benötigt, drei davon für den Quilt selbst, eines für die Kissenhülle. Die Angaben beziehen sich auf alle vier Blöcke.
Streifen ohne Längenangabe werden über die ganze Stoffbreite (112 cm) geschnitten und erst dann auf die erforderliche Länge gekürzt.

### Häuserblöcke

**Großes Haus**

| | | | |
|---|---|---|---|
| Fenster | Stoff B | 2 Streifen | 3,0 x 60,0 cm |
| | Stoff B | 1 Streifen | 3,5 x 60,0 cm |
| | Stoff K | 2 Streifen | 4,0 x 60,0 cm |
| Hauswand | Stoff B | 12 Streifen | 3,5 x 11,5 cm |
| Wand (unten) | Stoff B | 4 Streifen | 4,5 x 11,5 cm |
| Hintergrundstr. | Stoff A | 4 Streifen | 4,5 x 19,5 cm |

**Kleines Haus**

| | | | |
|---|---|---|---|
| Fenster | Stoff C | 2 Streifen | 2,0 x 40,0 cm |
| | Stoff C | 1 Streifen | 2,5 x 40,0 cm |
| | Stoff D | 2 Streifen | 2,5 x 40,0 cm |
| Hauswand | Stoff B | 8 Streifen | 2,0 x 5,5 cm |
| Wand (unten u. oben) | Stoff B | 8 Streifen | 2,5 x 5,5 cm |
| Hintergrundstr. | Stoff A | 4 Streifen | 3,5 x 9,0 cm |
| Dach | Stoff G | 4 Streifen | 3,5 x 7,0 cm |
| Hintergrund | Stoff A | 4 Streifen | 3,5 x 6,0 cm |
| Hintergrund (oben) | Stoff A | 4 Streifen | 4,5 x 7,5 cm |

**Mittelgroßes Haus**

| | | | |
|---|---|---|---|
| Fenster | Stoff F | 2 Streifen | 2,5 x 40,0 cm |
| | Stoff F | 1 Streifen | 3,5 x 40,0 cm |
| | Stoff B | 2 Streifen | 3,5 x 40,0 cm |
| Hauswand | Stoff F | 12 Streifen | 3,0 x 9,5 cm |
| Türelement | Stoff F | 2 Streifen | 4,5 x 20,0 cm |
| | Stoff O | 1 Streifen | 3,5 x 20,0 cm |
| Hintergrundstr. | Stoff A | 4 Streifen | 4,5 x 14,0 cm |
| Dach | Stoff D | 4 Streifen | 7,0 x 14,5 cm |
| Hintergrund re. | Stoff A | 4 Streifen | 7,0 x 12,5 cm |
| links | Stoff A | 4 Streifen | 7,0 x 9,5 cm |

**Hintergrund und großes Dach**

| | | | |
|---|---|---|---|
| Dach | Stoff H | 4 Streifen | 8,0 x 16,5 cm |
| Hintergrund re. | Stoff A | 4 Streifen | 8,0 x 10,5 cm |
| links | Stoff A | 4 Streifen | 8,0 x 9,0 cm |
| oben | Stoff A | 4 Streifen | 7,0 x 16,0 cm |
| | Stoff A | 4 Streifen | 13,5 x 17,0 cm |

**Randstreifen für die Kissenhülle**

| | | |
|---|---|---|
| Stoff E | 2 Streifen | 2,5 cm breit |
| Stoff F | 2 Streifen | 3,0 cm breit |
| Stoff M | 2 Streifen | 4,5 cm breit |
| Stoff N | 2 Streifen | 5,5 cm breit |

**Quilt**
Aus den verschiedenen karierten Stoffen zuschneiden:

| | |
|---|---|
| 70 Quadrate | 16,5 x 16,5 cm (fertige Größe 15 x 15 cm) |
| 70 Quadrate | 9 x 9 cm (fertige Größe 7,5 x 7,5 cm) |
| 122 Quadrate | 5,25 x 5,25 cm (fertige Größe 3,75 x 3,75 cm) |

**Nähen:**

**Großes Haus**
Die fünf Streifen aus Stoff B und K zu einem Streifenset aneinander nähen. Daraus zwölf Abschnitte von 4,5 cm Breite schneiden.

Schemazeichnung 1

Für jedes Haus je drei dieser Abschnitte mit drei Abschnitten der Hauswand und einem unteren Wandteil zum Haus zusammensetzen. Den blauen Hintergrundstreifen rechts an das Haus nähen.

Schemazeichnung 2

**Kleines Haus**
Die fünf Streifen aus Stoff C und D zu einem Streifenset aneinander nähen. Daraus zwölf Abschnitte von 3 cm Breite schneiden, siehe auch Schemazeichnung 1.
Für jedes Haus drei dieser Abschnitte mit zwei Abschnitten der Hauswand und einem unteren und einem oberen Wandteil zum Haus zusammensetzen. Den blauen Hintergrundstreifen rechts an das Haus nähen, siehe auch Schemazeichnung 2. Die Streifen für Dach und Hintergrund an der entsprechenden Ecke im 45° Winkel abschrägen.

Schemazeichnung 3

Die beiden Teile aneinander nähen und mit dem oberen Hintergrundteil und dem Haus ergänzen.

Schemazeichnung 4

**Mittelgroßes Haus**
Die fünf Streifen aus Stoff B und F zu einem Streifenset aneinander nähen. Daraus acht Abschnitte von 4 cm Breite schneiden, siehe auch Schemazeichnung 1.

Für jedes Haus zwei dieser Abschnitte mit drei Abschnitten der Hauswand zum Haus zusammensetzen.
Für das Türelement die drei Streifen aus Stoff F und O aneinander nähen. Daraus vier Abschnitte mit einer Breite von 4,5 cm schneiden und unten an das Haus nähen. Den blauen Hintergrundstreifen an die linke Seite des Hauses anfügen.

Schemazeichnung 5

Kleines und mittelgroßes Haus aneinander nähen. Die Streifen für Dach und Hintergrund (rechts und links) an der entsprechenden Ecke im 45° Winkel abschrägen.

Schemazeichnung 6

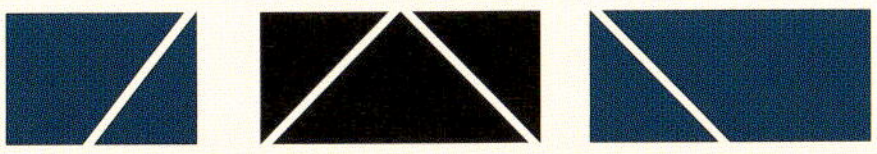

Die drei Teile aneinander nähen.

Schemazeichnung 7

Das Dachelement an die Einheit aus kleinem und mittlerem Haus nähen. Das große Haus annähen.

**Hintergrund und großes Dach**
Die Streifen für Dach und Hintergrund (rechts und links) an der entsprechenden Ecke im 45° Winkel abschrägen, siehe auch Schemazeichnung 6. Die drei Teile aneinander nähen, siehe auch Schemazeichnung 7.

Das obere und das große Hintergrundteil annähen.

Oberes und unteres Blockteil zusammennähen.

Schemazeichnung 9

**Fensterkreuze**
Die Linien der Fensterkreuze mit einem dichten Satinstich nähen. Dafür beim großen Haus braunes, beim mittleren Haus schwarzes Maschinenstickgarn verwenden. Für einen besseren Transport des Stoffes Stickvlies unterlegen und nach dem Nähen vorsichtig von der Rückseite entfernen.

**Randstreifen für die Kissenhülle**
Die vier Streifen aus Stoff E auf die erforderliche Länge kürzen und ringsherum annähen, zuerst an den beiden seitlichen Kanten und dann an der oberen und der unteren Kante. Die vier Randstreifen aus Stoff F, M und N ebenso annähen.

*Ein Quillow ist ein Blickfang für überall und sehr bequem*

**Quiltoberfläche**
Die unterschiedlichen Quadrate zusammen mit den drei Häuserblöcken arrangieren (am besten auf einem großen Bettlaken). Die einzelnen Quadrate und Blöcke zuerst zu Reihen und die Reihen zum Quilt zusammennähen.

Schemazeichnung 10

**Quilten:**

**Kissenhülle**
Rückseitenstoff in der Größe der Vorderseite zuschneiden. Vorderseite und Rückseite rechts auf rechts zusammenlegen. Alles zusammen auf ein Stück Volumenvlies stecken. Die beiden seitlichen und die untere Kante zusammennähen. Die offene obere Kante wird später bei der Einfassung mitgefasst. Volumenvlies nun bis kurz vor die Naht zurückschneiden, Nahtzugabe des Stoffes an den Ecken zurückschneiden. Kissenhülle wenden und im Schatten der Nähte quilten.

**Quilt**
Vlies und Rückseitenstoff etwas größer als die Vorderseite zuschneiden. Alle drei Lagen mit Sicherheitsnadeln aufeinander stecken. Rings um die einzelnen Blöcke und diagonal durch die Quadrate quilten. Vlies und Rückseitenstoff auf die Maße der Vorderseite zurückschneiden.

**Fertigstellung:**
Den Quilt glatt ausbreiten, mit der Rückseite nach oben. Die Kissenhülle auf den Rückseitenstoff legen, die Rückseite des Kissens zeigt ebenfalls nach oben. Die offene Kante der Kissenhülle liegt mittig am oberen Rand des Quilts.

Schemazeichnung 11

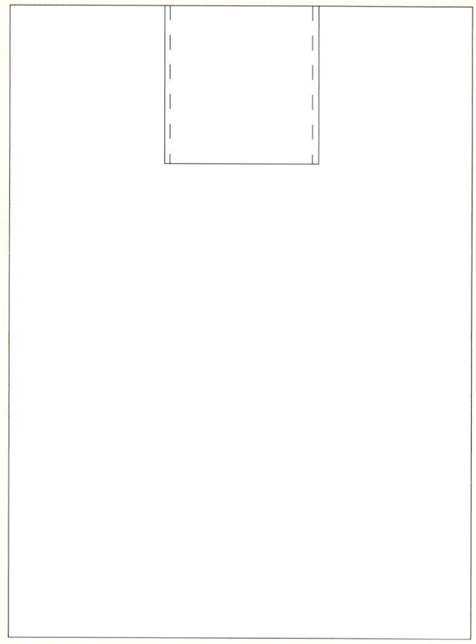

Die Kissenhülle entlang der offenen Oberkante zur Fixierung knappkantig feststeppen.

**Randeinfassung:**
Die Reste der karierten Stoffe aneinander nähen. Daraus im schrägen Fadenlauf vier Streifen von 6,5 cm Breite schneiden und die Einfassung nähen, wie im Lehrgang „Randeinfassung" Seite 50 beschrieben. Die obere (offene) Kante der Kissenhülle wird dabei mit eingefasst. Die seitlichen Kanten des Kissens knappkantig auf den Quilt steppen. Das durchsichtige Nähgarn als Unterfaden verwenden, so dass die Naht auf der Vorderseite des Quilts nicht auffällt.

**Quillow zusammenfalten:**
Den Quilt mit der Patchworkseite nach oben glatt auslegen. Die seitlichen Ränder des Quilts jeweils bis zum Seitenrand der Kissenhülle nach innen klappen, es entsteht ein langer Streifen. Diesen Streifen zur Hälfte zur Oberkante hin falten und noch einmal zur Hälfte. Die Kissenhülle über den zusammengelegten Quilt stülpen. Dabei wird gleichzeitig die Kissenhülle gewendet und ihre Vorderseite sichtbar.

***TIPP***

*Anstelle der Patchworkblöcke lassen sich für diesen Quilt auch vorgedruckte Kissenpaneele verwenden.*

*Der kleine Elch erfreut nicht nur Kinderherzen*

## Elchkissen in zwei Größen

**Größe:**

Kleiner Elch: 60 cm Länge

Großer Elch: 80 cm Länge

**Vorlagen:**

Seite 57

**Schwierigkeitsgrad:**

◆◆

### *HINWEIS*

Alle Angaben in Klammern beziehen sich auf das große Elchkissen.

# Freunde zum Kuscheln

## MATERIAL

**Kleiner Elch:**

- Stoff A 0,15 m naturfarbener Wollfilz
- Stoff B 0,10 m brauner Wollfilz (oder 4 mm dicker Nadelfilz)
- Stoff C 0,20 m Rot gemustert
- Stoff D 0,30 m Rot-Weiß kariert
- Stoff E 0,10 m Polarfleece in Weiß
- etwas Stoff in Weiß, roter Filz

**Zusätzlich:**

- 3 weiße Knöpfe von 1,5 cm Durchmesser
- 2 dunkelbraune Knöpfe von 0,5 cm Durchmesser
- braunes Stickgarn
- synthetische Füllwatte
- 3 Druckknöpfe

**Großer Elch:**

- Stoff A 0,20 m naturfarbener Wollfilz
- Stoff B 0,15 m brauner Wollfilz (oder 4 mm dicker Nadelfilz)
- Stoff C 0,35 m Rot gemustert
- Stoff F 0,25 m Rot-Weiß gestreift
- etwas Stoff in Weiß, Rot und Rot-Weiß kariert, roter Filz

**Zusätzlich:**

- 2 dunkelbraune Knöpfe von 1 cm Durchmesser
- braunes Stickgarn
- synthetische Füllwatte
- 3 Druckknöpfe

**Zuschneiden (siehe Tabelle):**

Teile nach Vorlage oder in den angegebenen Maßen zuschneiden.

**Nähen:**

**Kopf**

Je ein Ohrteil aus Stoff und eines aus Filz rechts auf rechts entlang der runden Außenkante zusammennähen. Nahtzugabe in den Rundungen bis kurz vor die Naht einschneiden und wenden. Oberes und unteres Hinterkopfteil aneinander nähen, in der Mitte der Naht ca. 7 cm zum späteren Wenden des Kopfes geöffnet lassen. Mit dem Vorderteil rechts auf rechts zusammennähen, die Ohren entsprechend der Markierung mitfassen und wenden. Den Kopf mit Füllwatte stopfen und Wendeöffnung schließen.

**Arme und Beine**

Die beiden Streifen längs aneinander nähen. 8-mal die Arme bzw. Beine zuzüglich Nahtzugabe ausschneiden, die gestrichelte Linie liegt dabei auf der Naht zwischen den beiden Stoffstreifen. Je zwei Teile recht auf rechts zusammennähen, die Ansatzlinie zum Körper bleibt geöffnet. Wenden und weich mit Füllwatte stopfen.

**Körper**

Die Rückseite des Stoffes für den Kissenverschluss quer halbieren. Die beiden Schnittkanten zweimal jeweils 1 cm nach innen klappen und knappkantig absteppen. Beide Teile entlang des Saumes ca. 1 cm übereinander legen. Die Vorderseite des Kissens rechts auf rechts auf die Rückseite stecken und die vier Beine dazwischenlegen, ca. 3 cm von der Außenkante entfernt. Ringsherum zusammennähen und mit Zick-Zack-Stich versäubern.

| | | | |
|---|---|---|---|
| 1 x Körper-Vorderteil | Stoff D | 24,0 x 30,0 cm | (Stoff C 32,0 x 40,0 cm) |
| 1 x Körper-Rückseite | Stoff D | 24,0 x 38,0 cm | (Stoff C 32,0 x 48,0 cm) |
| 1 x Arme/Beine | Stoff A | 5,5 x 55,0 cm | (Stoff A 7,0 x 70,0 cm) |
| 1 x Arme/Beine | Stoff C | 14,5 x 55,0 cm | (Stoff F 20,0 x 70,0 cm) |
| 1 x vorderes Kopfteil | Stoff A | zuzüglich Nahtzugabe | (ebenso) |
| 1 x oberer Hinterkopf | Stoff A | zuzüglich Nahtzugabe | (ebenso) |
| 1 x unterer Hinterkopf | Stoff A | zuzüglich Nahtzugabe | (ebenso) |
| 2 x Ohren | Stoff A | zuzüglich Nahtzugabe | (ebenso) |
| 2 x Ohren | Stoff C | zuzüglich Nahtzugabe | (ebenso aus roten Stoffresten) |
| 1 x Geweih | Stoff B | ohne Nahtzugabe | |
| **Zusätzlich kleiner Elch:** | | | |
| 1 x Schal | Stoff E | 6,0 x 70,0 cm | |
| 2 x Schmusekissen | weißer Stoff | 11,0 x 11,0 cm | |
| 2 x Innenkissen | weißer Stoff | 24,0 x 30,0 cm | |
| **Zusätzlich großer Elch:** | | | |
| 1 x Aufsatztasche | karierter Stoff | 11,5 x 16,5 cm | |
| 1 x Aufsatztasche | weißer Stoff | 3,5 x 16,5 cm | |
| 1 x Rückseite | weißer Stoff | 13,5 x 16,5 cm | |

Vor dem Zusammennähen des großen Elchs wird die Tasche auf den Körper (=Kissenvorderseite) aufgesetzt. Dazu die beiden Streifen aus kariertem und weißem Stoff füßchenbreit längs aneinander nähen. Diese Vorderseite mit der Rückseite rechts auf rechts zusammennähen, dabei ein Stück der Naht zum Wenden geöffnet lassen. Tasche wenden und das Herz aus Filz aufsteppen. Tasche entlang der beiden seitlichen und der unteren Kante knappkantig auf die Kissenvorderseite steppen, 5 cm von der unteren Stoffkante entfernt.

**Fertigstellung:**

Das Geweih an den Kopf nähen. Die beiden braunen Knöpfe als Augen aufnähen und die Nase mit dem braunen Stickgarn sticken. Den Kopf an den Körper nähen. An jede Kante der Kissenöffnung drei Druckknöpfe als Verschluss annähen.

**Kleiner Elch**

Die drei weißen Knöpfe auf den Rücken nähen. Schal an den Enden einschneiden und dem Elch umbinden. Auf die Vorderseite des Schmusekissens das Herz aus Filz aufnähen. Vorder- und Rückseite rechts auf rechts zusammennähen, dabei ein Stück Naht zum Wenden geöffnet lassen. Kissen wenden, mit Füllwatte stopfen und Wendeöffnung schließen. Das kleine Kissen an die Hand des kleinen Elchs nähen.

**Innenkissen**

Der große Elch erhält ein fertiges Innenkissen in der Größe 30 x 40 cm. Für das Inlett des kleinen Elches die beiden Stoffteile rechts auf rechts zusammennähen, dabei ein Stück der Naht zum Wenden geöffnet lassen. Inlett wenden, mit Füllwatte stopfen und Wendeöffnung schließen.

### TIPP

*Das Inlett des kleinen Elchs lässt sich auch mit Kirschkernen oder Dinkelkörnern füllen.*

*Eine kleine Tasche entsteht aus zwei Hausanhängern – praktisch für Kleinigkeiten*

## Tannenbaum-Anhänger

**Größe:**
7,5 x 8 cm und 7,5 x 11 cm

**Schwierigkeitsgrad:**
◆◆

### *TIPP*

Aus zweien dieser Hausanhänger lässt sich ein kleines Täschchen nähen (kleines Foto oben). Dafür aus Stoff A zweimal den Boden (4,5 x 9 cm) und viermal die Seitenteile (4,5 x 6,5 cm) zuschneiden. Je zwei Seitenteile und die beiden Bodenteile rechts auf rechts verstürzen und von Hand zwischen die beiden fertigen Hausanhänger nähen.

# Das Weihnachtsdorf

## MATERIAL

- Stoff A 0,15 m Beige gemustert
- Stoff B 0,10 m Dunkelgrün oder Dunkelbraun
- Stoff C 0,10 m Natur oder Natur-Rot kariert
- Stoff D 0,10 m Rot gemustert
- Stoff für die Rückseite
- Volumenvlies für die Einlage

**Zusätzlich:**
Kleine Knöpfe, Paketkordel

**Zuschneiden:**

| | | |
|---|---|---|
| Hauswand | Stoff A | 6,5 x 30,0 cm |
| Türelement | Stoff A | 3,5 x 10,0 cm |
| | Stoff B | 4,5 x 10,0 cm |
| Fensterelement | Stoff A | 3,0 x 10,0 cm |
| | Stoff A | 3,5 x 10,0 cm |
| | Stoff C | 3,0 x 10,0 cm |
| Dach flach | Stoff D | 4,5 x 9,0 cm pro Haus |
| Dach spitz | Stoff D | 9,0 x 9,0 cm pro Haus |

### *HINWEIS*

Die Häuser sind in rationeller Streifentechnik genäht. Die Zuschnittmaße beziehen sich auf drei Häuser. Für eine größere Anzahl von Häusern die Streifen entsprechend länger zuschneiden.

**Nähen:**
Die Hauswand aus dem Streifen von Stoff A als neun Abschnitte von je 3 cm Breite schneiden (Schemazeichnung 1). Für das Türelement die Streifen aus Stoff A und B längs aneinander nähen. Daraus drei Abschnitte von je 3 cm Breite schneiden.

Schemazeichnung 1

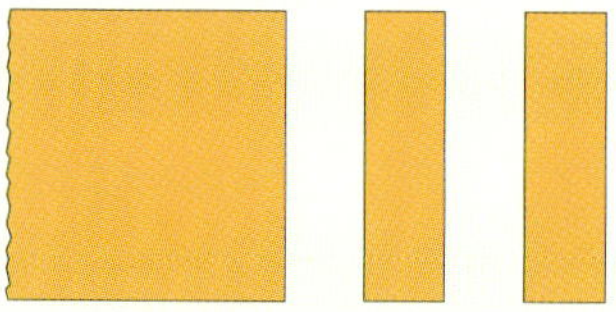

Schemazeichnung 2

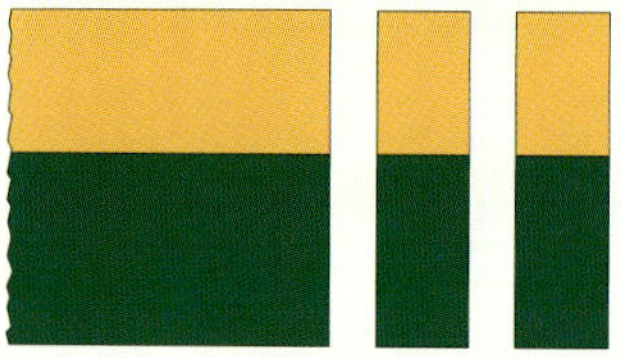

Für das Fensterelement ein Streifenset nähen aus den beiden Streifen von Stoff A und dem Streifen von Stoff C. Daraus drei Abschnitte von je 3 cm Breite schneiden (Schemazeichnung 3). Für jedes Haus je ein Fensterelement und ein Türelement mit drei Zwischenstreifen für die Hauswand verbinden.

Schemazeichnung 3

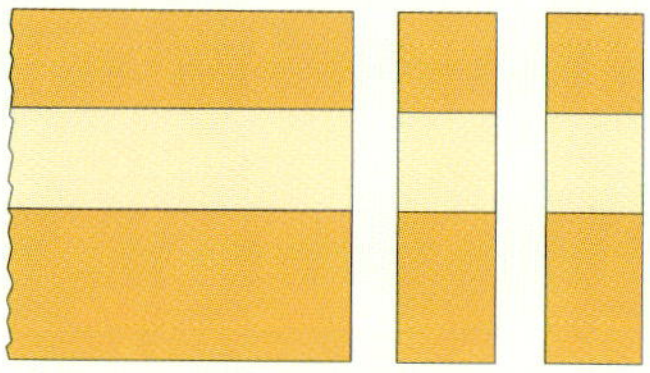

Schemazeichnung 4

Als Dach je nach Wunsch ein Rechteck oder Quadrat annähen. Die beiden seitlichen Dachschrägen mit dem 60°-Lineal abschneiden. Der Schnitt trifft genau das Ende der Naht zwischen Dach und Haus.

Schemazeichnung 5

Rückseitenstoff in der Größe des Hauses zuschneiden. Vorder- und Rückseite rechts auf rechts zusammenlegen, beides auf Volumenvlies legen. Ringsherum zusammennähen, dabei an einer seitlichen Hauskante ein Stück Naht zum Wenden geöffnet lassen. Überstehendes Volumenvlies bis knapp an die Naht, sowie die Nahtzugabe des Stoffes an den Ecken zurückschneiden. Haus wenden, Ecken herausarbeiten und Wendeöffnung schließen.

**Fertigstellung:**
Aus je 20 cm Kordel und den Knöpfen die Aufhänger nähen.

*Weiche Sterne fallen vom Himmel und es weihnachtet sehr*

## Sternenanhänger

**Größe:**
Kleiner Stern: 7 x 8 cm
Mittlerer Stern: 8,5 x 9,5 cm
Großer Stern: 10 x 11 cm

**Vorlage:**
Seite 61

**Schwierigkeitsgrad:**
◆

# Catch a falling star

## MATERIAL

- Verschiedene kleine Stücke von beige-gold gemusterten Stoffen
- Volumenvlies

**Zusätzlich:**
- Pro Anhänger 20 cm dünne Goldkordel
- pro Stern 2 Goldperlen mit 4 oder 5 mm Durchmesser
- goldene Stabperlen für den einzelnen Stern
- goldene Perlen zum Verbinden zweier Sterne

## *HINWEIS*

Jeder Stern wird aus zwei verschiedenen Stoffen gearbeitet und besteht aus zwei gleich großen Dreiecken. Die Vorlage enthält drei unterschiedlich große Dreiecke für die drei Sterngrößen.

### Einzelner Stern

**Zuschneiden:**
Die Vorlage für den großen Stern insgesamt viermal auf die Rückseite des Stoffes übertragen und zuzüglich Nahtzugabe ausschneiden. Dabei jeweils zweimal den gleichen Stoff verwenden.

**Nähen:**
Je zwei Dreiecke aus dem gleichen Stoff rechts auf rechts aufeinander legen und beides zusammen auf ein Stück Volumenvlies. Die Goldkordel zur Hälfte zusammenlegen und als Aufhänger zwischen die beiden Stofflagen eines Dreiecks legen. Beide Dreiecke ringsherum zusammennähen, dabei ein Stückchen der Naht zum Wenden geöffnet lassen. Volumenvlies bis kurz vor die Naht zurückschneiden, Nahtzugabe des Stoffes an den Spitzen ab- und an den Innenecken einschneiden.

**Fertigstellung:**
Dreiecke wenden und die Wendeöffnung von Hand schließen. Die beiden Dreiecke zu einem sechszackigen Stern aufeinander legen. Die Mitte des Sterns mit einigen Handstichen fixieren, dabei auf der Vorder- und Rückseite jeweils eine goldene Perle mitfassen. An die untere Spitze eine Stabperle und zwei unterschiedlich große Perlen nähen.

### Dreier-Stern

**Zuschneiden:**
Unterschiedlich große Vorlagen verwenden, z.B. kleiner, mittlerer und großer Stern oder ein großer Stern und zwei kleine Sterne. Die entsprechenden Vorlagen auf die Rückseite des Stoffes übertragen und zuzüglich Nahtzugabe ausschneiden.

**Nähen:**
Jeweils zwei gleichgroße Dreiecke aus dem gleichen Stoff rechts auf rechts aufeinander legen, beides zusammen auf ein Stück Volumenvlies. Die Goldkordel zur Hälfte zusammenlegen und als Aufhänger zwischen die beiden Stofflagen eines Dreiecks legen. Dieses Dreieck wird später der oberste Stern. Die Dreiecke ringsherum zusammennähen, dabei ein Stückchen der Naht zum Wenden geöffnet lassen. Volumenvlies bis kurz vor die Naht zurückschneiden, Nahtzugabe des Stoffes an den Spitzen ab- und an den Innenecken einschneiden.

**Fertigstellung:**
Dreiecke wenden und die Wendeöffnung von Hand schließen. Jeweils zwei gleichgroße Dreiecke zu einem sechszackigen Stern aufeinander legen. Die Mitte des Sterns mit einigen Handstichen fixieren, dabei auf der Vorder- und Rückseite jeweils eine goldene Perle mitfassen. Die drei Sterne mittels einer Goldperle miteinander verbinden.

## *TIPP*

*Diese Art von Sternen kann man auch aus Filz ausschneiden und zusammenkleben. Damit eignen sie sich als einfaches, vorweihnachtliches Bastelobjekt für Kinder.*

Merry
Season
ON

*Ist dies die Stadt der drei Weisen aus dem Morgenland?*

## Orientalische Stadt

**Größe:**
102 x 118 cm

**Vorlagen:**
Seite 58 und 59

**Schwierigkeitsgrad:**
◆◆◆

# Caspar, Melchior, Balthasar

## MATERIAL

| | | |
|---|---|---|
| Stoff A | 0,55 m | Hellbeige (oberer Hintergrund im Mittelmotiv) |
| Stoff B | 0,70 m | Hellbeige mit Gold (unterer Hintergrund, Sterne im Rand) |
| Stoff C | 0,65 m | Orange (Sterne im Rand) |
| Stoff D | 0,40 m | Maisgelb (Zackenbordüre) |
| Stoff E | 0,40 m | Rotbraun meliert (Zackenbordüre) |
| Stoff F | 0,50 m | Rot (1. Randstreifen, Einfassung) |
| Stoff G | 0,25 m | Dunkelrot (schmale Randstreifen) |
| Stoff H | 0,55 m | Rot gemustert (Log Cabin, breiter Randstreifen) |
| Stoff I | 0,20 m | Beige mit Gold (Log Cabin) |
| Stoff K | 0,20 m | Rotbraun (Applikation, schmaler Randstreifen) |

- Kleine Stücke in Aprikot, Gelb gemustert und Zimtfarben für die Applikation
- Vliesofix® 0,50 m
- Stickvlies 0,50 m
- SULKY® Totally Stable, 0,30 m (Stickvlies mit leichter Bügelbeschichtung)
- Volumenvlies
- Rückseitenstoff

**Zusätzlich:**
**für den Zierstich:**
- meliertes Maschinenstickgarn

**für die Applikation:**
- Maschinenstickgarn in Gelb, Zimt, Aprikot

### *HINWEIS*

Die Sternenblöcke sind in der „kombinierten Schneidetechnik" gearbeitet, bei der die schnelle und rationelle Arbeitsweise der „freien Schneidetechnik" mit der Orientierung beim „Nähen nach Zahlen" kombiniert ist. In der Vorlage sind die Schneidelinien eingezeichnet. Sie werden auf die matte Seite des SULKY® Totally Stable übertragen und dienen als Orientierung beim Schneiden.

**Zuschneiden:**
Streifen ohne eine Längenangabe werden über die ganze Stoffbreite (112 cm) geschnitten und erst dann auf die erforderliche Länge gekürzt.

| | | |
|---|---|---|
| **Hintergrund des Mittelmotivs** | | |
| Stoff A | 1-mal | 52,0 x 52,0 cm |
| Stoff B | 1-mal | 14,0 x 52,0 cm |
| Stoff F | 4 Streifen | 2,5 cm breit |
| **Umrandung mit Zackenmuster** | | |
| Stoff D | 6 Streifen | 6,0 cm breit |
| Stoff E | 6 Streifen | 6,0 cm breit |
| Stoff G | 4 Streifen | 2,5 cm breit |
| **Sternenblöcke** | | |
| Stoff B | 12-mal | 20,0 x 20,0 cm |
| Stoff C | 12-mal | 20,0 x 20,0 cm |
| **Log Cabin Ornament** | | |
| Stoff I | 2 Streifen | 3,0 cm breit |
| Stoff H | 3 Streifen | 3,0 cm breit |
| **Randstreifen** | | |
| Stoff H | 2 Streifen | 3,0 cm breit |
| Stoff K | 4 Streifen | 2,5 cm breit |
| Stoff G | 4 Streifen | 3,0 cm breit |
| Stoff H | 4 Streifen | 8,5 cm breit |

**Nähen:**
**Mittelmotiv**
Stoff A und B aneinander nähen. Häuser, Mond und Stern gemäß der Vorlage als Maschinenapplikation anbringen. Siehe Lehrgang „Maschinenapplikation" Seite 49. Das Mittelmotiv auf 49,5 x 61,5 cm zurechtschneiden. Die vier Streifen aus Stoff F auf die erforderliche Länge kürzen und ringsherum annähen.

**Zackenmuster**
Jeweils einen Streifen aus Stoff D und E zu sechs Streifensets längs aneinander nähen. Davon ca. 4–5 cm breite Abschnitte schneiden. Für eine abwechslungsreiche Optik die Abschnitte unregelmäßig schneiden.

Schemazeichnung 1

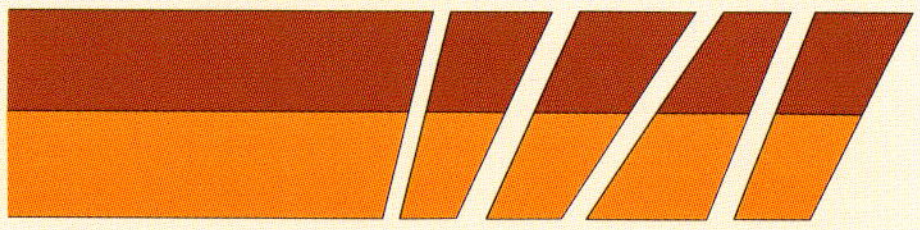

*Viele zauberhafte Sterne umrahmen das orientalische Stadtmotiv*

Die Abschnitte etwas kippen und versetzt aneinander nähen, so dass unregelmäßige Zacken entstehen.

Schemazeichnung 2

Die Kanten der Zackenbordüre begradigen und auf 5,5 cm Breite zurechtschneiden.

Schemazeichnung 3

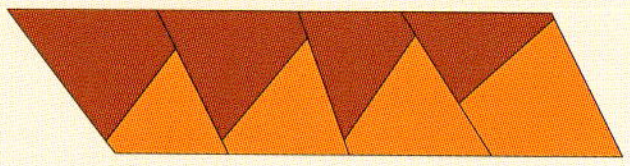

Zwei Bordüren von 51,5 cm Länge jeweils oben und unten an das Mittelmotiv annähen. Für die langen Seiten zwei Bordüren mit einer Länge von 63,5 cm schneiden. Die unifarbenen Ecken der Zackenbordüre mit Resten von Stoff E ergänzen. Beide Streifen rechts und links annähen. Die vier Streifen aus Stoff G auf die erforderliche Länge kürzen und ringsherum annähen.

**Sterne in kombinierter Schneidetechnik**

Je vier Stoffquadrate aus Stoff B und C mit der rechten Seite nach oben bündig aufeinander legen. Die Vorlage für den Stern auf die matte Seite des SULKY Totally Stable® übertragen und bündig auf den obersten Stoff bügeln.

Schemazeichnung 4

Durch alle Stofflagen schneiden. Nur zwei der Linien werden über die ganze Blockbreite geschnitten. Die entstandenen Teile etwas auseinander schieben und dann die restlichen Schnitte anbringen. SULKY® Totally Stable von der obersten Lage abziehen. Das Sternenmotiv und den Hintergrundstoff austauschen, so dass jeweils ein heller Stern einen orangefarbenen Hintergrund erhält und umgekehrt.

Schemazeichnung 5

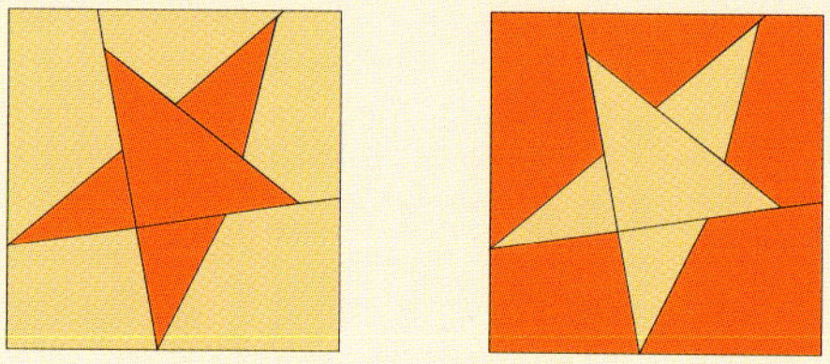

Die Nummern der Vorlage dienen der Orientierung beim Zusammennähen der Blöcke:
Teil 2 an Teil 1 nähen.
Die Schnittkante von 2 begradigen und Teil 3 an die Einheit 1/2 nähen.

Schemazeichnungen 6 und 7

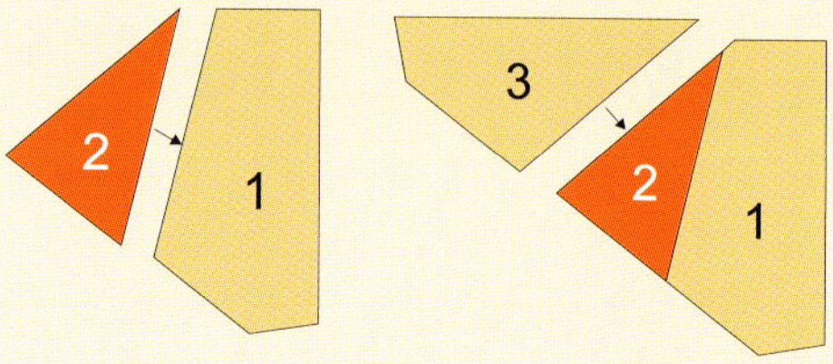


Die Schnittkante der Einheit 1/2/3 begradigen und Teil 4 an diese Einheit nähen. Beide Schnittkanten von Teil 4 begradigen.
Teil 6 an Teil 5 nähen.

Schemazeichnungen 8 und 9

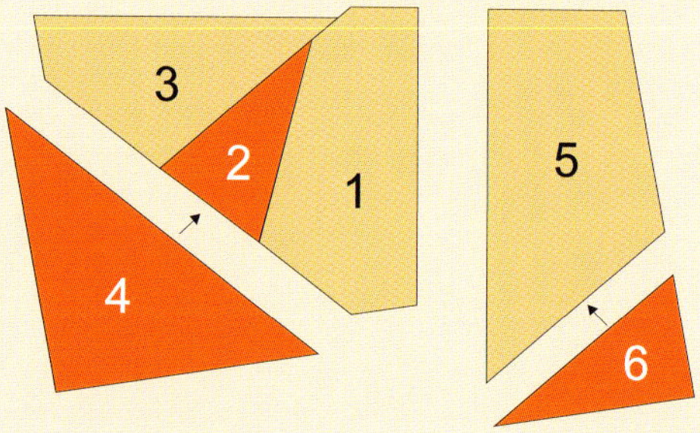


## *HINWEIS*

Da maximal nur acht Stofflagen auf einmal geschnitten werden können, werden die Sternenblöcke in drei Arbeitsgängen geschnitten und genäht. Beim Zusammensetzen der Blöcke immer von der Mitte des Sterns nach außen arbeiten, so dass überstehender Stoff an die Außenkante des Blocks gelangt. Zum Begradigen der Schnittkanten das Lineal anlegen.

Die Schnittkanten von 6 begradigen und die Einheit 5/6 an die Einheit 1/2/3/4 nähen.
Teil 8 an Teil 9 nähen.

Schemazeichnungen 10 und 11

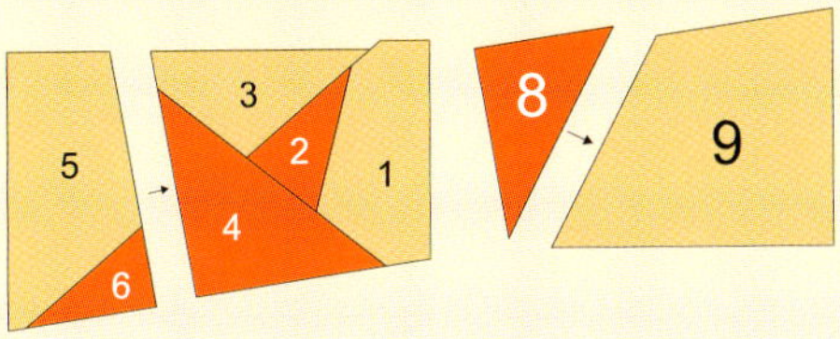


Teil 7 an die Einheit 8/9 nähen.
Die Schnittkanten der Einheit 7/8/9 begradigen. Die beiden Hälften des Blocks aneinander nähen.

Schemazeichnungen 12 und 13

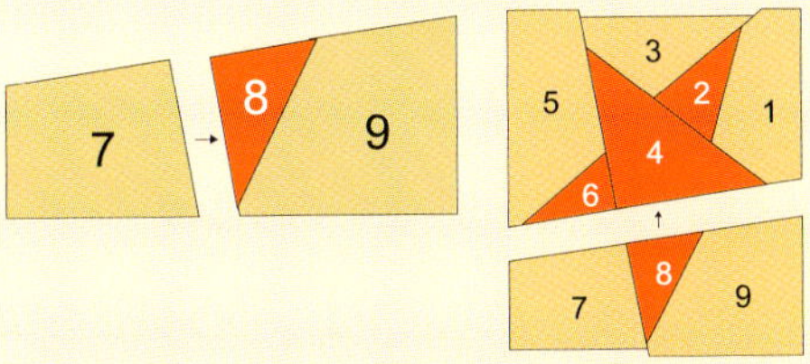


Die fertigen Sternenblöcke auf das exakte Maß von 13,5 x 13,5 cm zurückschneiden. Je sechs Sterne mit orangefarbenem Hintergrund aneinander nähen und rechts und links anfügen. Von den Sternenblöcken mit dem hellen Hintergrund werden nur zehn benötigt. Die anderen zwei Blöcke anderweitig verwenden. Je fünf Sterne mit hellem Hintergrund aneinander nähen.

**Log-Cabin Ornament**
Die vier Eck-Ornamente werden als Log-Cabin genäht. Für jeden der vier Blöcke folgende Streifen zuschneiden, die laufende Nummer gibt die Position des Streifens innerhalb des Blocks an.

| | | |
|---|---|---|
| Stoff I | 1. Streifen | 3,0 x 3,0 cm |
| Stoff H | 2. Streifen | 3,0 x 3,0 cm |
| Stoff I | 3. Streifen | 3,0 x 4,5 cm |
| Stoff H | 4. Streifen | 3,0 x 4,5 cm |
| Stoff I | 5. Streifen | 3,0 x 6,0 cm |
| Stoff H | 6. Streifen | 3,0 x 6,0 cm |
| Stoff H | 7. Streifen | 3,0 x 7,5 cm |
| Stoff I | 8. Streifen | 3,0 x 7,5 cm |
| Stoff H | 9. Streifen | 3,0 x 9,0 cm |
| Stoff I | 10. Streifen | 3,0 x 9,0 cm |
| Stoff I | 11. Streifen | 3,0 x 10,5 cm |
| Stoff H | 12. Streifen | 3,0 x 10,5 cm |
| Stoff I | 13. Streifen | 3,0 x 12,0 cm |
| Stoff H | 14. Streifen | 3,0 x 12,0 cm |
| Stoff H | 15. Streifen | 3,0 x 13,5 cm |

Die Anordnung der Streifen im Block.
Je zwei Log-Cabin Blöcke werden gegengleich genäht, um eine symmetrische Optik zu erzielen.

Schemazeichnung 14

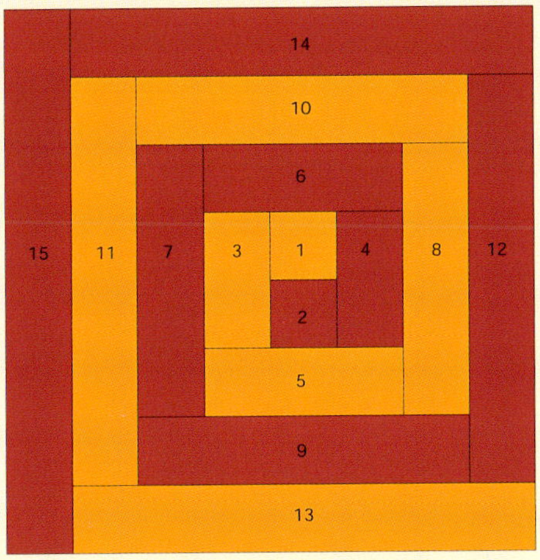


An den Streifen aus fünf Sternen links und rechts je einen Log-Cabin-Block nähen, dabei auf die Ausrichtung des Ornaments achten, siehe auch Foto des Modells. Die beiden zusammengesetzten Streifen oben und unten annähen.

**Randstreifen**
Die zwei Streifen aus Stoff H auf die erforderliche Länge kürzen und oben und unten annähen. Dadurch erhalten die Ornamente einen optischen Zusammenhalt. Die vier Streifen aus Stoff K auf die erforderliche Länge kürzen und ringsherum annähen, zuerst an den Seiten, dann an Ober- und Unterkante. Die vier Randstreifen aus Stoff G und H ebenso annähen.

**Quilten:**
Vlies und Rückseitenstoff etwas größer als die Vorderseite zuschneiden. Alle drei Lagen mit Sicherheitsnadeln aufeinander stecken. Rings um die einzelnen Blöcke und entlang der Streifen im Schatten der Naht quilten. Den Hintergrund im Mittelmotiv mit „freiem Maschinenquilten" verzieren. Auf dem ersten schmalen Randstreifen mit meliertem Garn einen beliebigen Zierstich anbringen.

**Randeinfassung:**
Vlies und Rückseitenstoff auf die Maße der Vorderseite schneiden. Dann vier Streifen von 6,5 cm Breite aus Stoff F 4-mal zuschneiden und die Einfassung nähen, wie im Lehrgang „Randeinfassung", Seite 50, beschrieben. An die Rückseite oben und unten einen Tunnel nähen, um den Quilt aufzuhängen.

*Nach Wunsch innerhalb der Hausmotive weitere Zierstiche anbringen*

*So schöne Sets sind die Krönung jedes festlich gedeckten Tisches*

## Tischset

**Größe:**
134 x 46 cm

**Vorlage**
Seite 52

**Schwierigkeitsgrad:**
♦♦

# Festliches für den Tisch

## MATERIAL

- Stoff A 0,30 m Rostfarben
- Stoff B 0,30 m Beige mit Gold
- Stoff C 0,10 m Orange gemustert
- Stoff D 0,10 m Hell-Naturfarben
- Stoff E 0,15 m Dunkelrot
- Stoff F 0,20 m Rot gemustert
- Stoff G 0,15 m Rotbraun
- Einlage 0,40 m Volumenvlies
- Rückseitenstoff

**Zusätzlich:**

- Meliertes Maschinenstickgarn
- 0,30 m SULKY® Totally Stable (Stickvlies mit einer leichten Bügelbeschichtung)

**Zuschneiden (für ein Set):**

| | | |
|---|---|---|
| **Block mit Krone** | | |
| Stoff A | 1-mal | 27,0 x 30,0 cm |
| Stoff B | 1-mal | 27,0 x 30,0 cm |
| Totally Stable® | 1-mal | 27,0 x 30,0 cm |
| **Schachbrettmuster** | | |
| Stoff C | 1-mal | 4,0 x 70,0 cm |
| Stoff D | 1-mal | 4,0 x 70,0 cm |
| **Zwischenstreifen und Randstreifen** | | |
| Stoff E | 4-mal | 2,5 x 21,5 cm |
| | 2-mal | 2,5 x 35,5 cm |
| Stoff F | 2-mal | 7,0 x 35,5 cm |
| | 2-mal | 7,0 x 34,0 cm |

## *HINWEIS*

Die Krone ist in der „kombinierten Schneidetechnik" gearbeitet, welche die schnelle und rationelle Arbeitsweise der „freien Schneidetechnik" mit der Orientierung „Nähen nach Zahlen kombiniert. Bei dieser Methode entstehen immer mindestens zwei Patchworkblöcke, da mindestens zwei Stoffe übereinander gelegt, zerschnitten und ausgetauscht werden. In der Vorlage sind die Schneidelinien eingezeichnet. Diese werden auf die matte Seite des SULKY® Totally Stable übertragen und dienen als Orientierung beim Schneiden. Die einzelnen Schritte dieser Technik sind bei der „Orientalischen Stadt" auf den Seiten 38 und 39 als Schemazeichnungen dargestellt.

**Nähen:**
Für das Schachbrettmuster die beiden Streifen längs aneinander nähen. Daraus 16 Abschnitte von je 4 cm Breite schneiden und je acht davon im Schachbrettmuster zusammennähen.

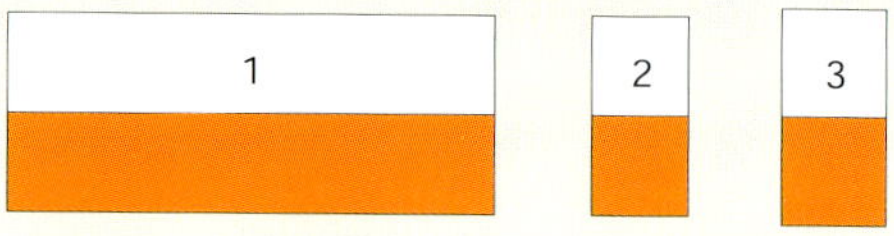

Patchworkblock und Schachbrettmuster mit Zwischenstreifen zusammensetzen und Randstreifen annähen, wie abgebildet.

**Quilten:**
Vlies und Rückseitenstoff etwas größer als die Vorderseite zuschneiden. Alle drei Lagen mit Sicherheitsnadeln aufeinander stecken. Rings um die Krone und entlang der Streifen im Schatten der Naht quilten. Auf dem schmalen roten Zwischenstreifen mit meliertem Garn einen Zierstich anbringen, siehe auch Lehrgang „Zierstiche", Seite 50.

**Randeinfassung:**
Vlies und Rückseitenstoff auf die Maße der Vorderseite zurückschneiden. Einfassung aus zwei rotbraunen, 6,5 cm breiten Streifen nähen, wie im Lehrgang „Randeinfassung", auf der Seite 50 beschrieben.

*Dekorativer Anhänger aus einem der Applikationsmotive*

## Nikolausstiefel mit Applikation

**Größe:**
22 x 33 cm
**Vorlage:**
Seite 60
**Schwierigkeitsgrad:**
◆◆

### *TIPP*

*Die Applikationsmotive lassen sich gut als Anhänger verarbeiten (kleines Foto oben). Mond, Sterne und Tannenbaum werden als „verstürzte Applikation" genäht und mit Knöpfen verziert. Die Vorlage des Elches um 200 % vergrößern, Kopf und Körper mit etwas Füllwatte ausstopfen.*

# Willkommen Nikolaus

## MATERIAL

**Für den Stiefel mit appliziertem Elch:**
- Stoff A 0,30 m Rot gemustert
- Stoff B 0,30 m Rot-Beige kariert
- Einlage 0,30 m Volumenvlies zum Aufbügeln
- Stoff in Beige gemustert, Grün und Braun
- etwas schwarzer Filz
- dünnes Volumenvlies

**Zusätzlich:**
- 2 kleine schwarze Perlen
- 1 beigefarbener Knopf von 5 mm Durchmesser
- 1 Holzknopf von 2 cm Durchmesser
- 15 cm dünne Baumwollkordel

**Zuschneiden:**
2 x Stiefel aus Stoff A (zuzüglich Nahtzugabe, gegengleich)
2 x Stiefelfutter aus Stoff B (zuzüglich Nahtzugabe, gegengleich)
1 x Aufhänger aus Stoff A 4 x 15 cm
Applikationsmotive:
2 x kleiner Stern Beige gemustert (zuzüglich Nahtzugabe, gegengleich)
2 x Mond Hellbeige (zuzüglich Nahtzugabe, gegengleich)
2 x Tannenbaum Grün (zuzüglich Nahtzugabe, gegengleich)
2 x Elchkörper Braun (zuzüglich Nahtzugabe, gegengleich)
2 x Elchkopf Braun (zuzüglich Nahtzugabe, gegengleich)
1x Geweih schwarzer Filz
4 x Beine, je 3,5 cm Kordel

## *HINWEIS*

Die einzelnen Motive sind als verstürzte Applikation genäht. Vorder- und Rückseite der Motive bestehen aus dem gleichen Stoff. Durch die Einlage aus dünnem Volumenvlies erscheinen die Motive plastischer.

**Nähen:**
Das Volumenvlies auf die Rückseite der beiden Stiefelzuschnitte bügeln. Die beiden Stiefelteile rechts auf rechts aufeinander legen. Ringsherum zusammennähen, die obere Kante bleibt zum Verstürzen mit dem Stiefelfutter geöffnet. Den Futterstiefel ebenso nähen, dabei an einer seitlichen Kante ca. 12 cm der Naht zum Wenden geöffnet lassen. Stiefelaußenseite und Futterteil rechts auf rechts zusammenstecken. Entlang der oberen Kante füßchenbreit zusammennähen. Den Stiefel durch die Öffnung im Futter wenden und die Wendeöffnung knappkantig zusammen steppen. Den Streifen für den Aufhänger links auf links längs zur Hälfte bügeln und aufklappen. Beide Längskanten bis zum Mittelfalz einschlagen und bügeln. Die kurzen Kanten einschlagen und ringsherum knappkantig absteppen. Mit dem Knopf als Aufhänger festnähen.

Vorder- und Rückseite der Applikationsmotive rechts auf rechts legen, beides auf ein Stückchen Volumenvlies stecken. Ringsherum zusammennähen, dabei ein kleines Stück der Naht zum Wenden geöffnet lassen. Überstehendes Volumenvlies bis knapp an die Naht zurückschneiden, Nahtzugaben an den Spitzen ab- und in den Innenecken einschneiden. Motive wenden, Ecken herausarbeiten und die Wendeöffnungen von Hand schließen.

**Fertigstellung:**
Den Stern mit dem kleinen Knopf in der Mitte auf den Stiefel nähen. Mond und Tannenbaum mit kleinen Stichen aufnähen. Für den Elch die vier Kordelabschnitte an einem Ende mit einem Knoten versehen. Beim Aufnähen des Körpers die Abschnitte als Beine unter den Körper schieben und mit festnähen. Das Filzgeweih beim Annähen des Kopfes mitfassen. Zwei kleine Perlen als Augen aufnähen. Einen kleinen Knopf als Schwanz annähen. Jeden Stiefel anders dekorieren.

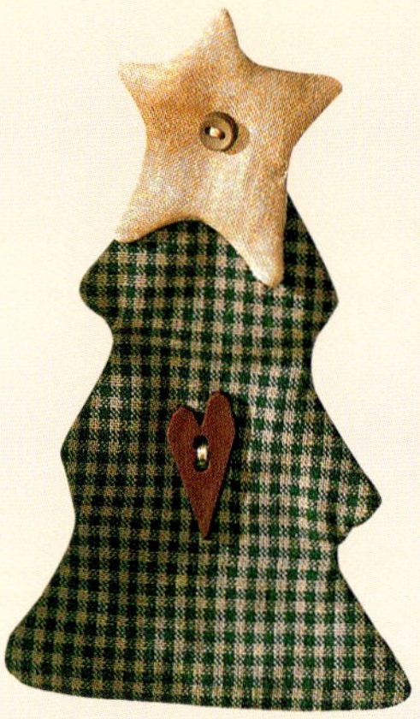

# Home sweet home

## Topflappen

**Größe:**
20 x 22 cm

**Vorlage:**
Seite 61

**Schwierigkeitsgrad:**
◆◆

### TIPP

*Thermolam® nach dem Einnähen jeweils bis kurz vor die Naht zurückschneiden, um unnötig dicke Nähte zu vermeiden.*

## MATERIAL

- Stoff A 0,15 m Rot gemustert
- Stoff B 0,20 m Weiß
- Stoff C 0,25 m Rot-Weiß kariert
- Einlage 0,25 m Thermolam®
- Stoff in Schwarz gemustert
- etwas Vliesofix®, Stickvlies und roter Filz

**Zusätzlich:**

- 2 Holzknöpfe von 1,5 cm Durchmesser
- Maschinenstickgarn in Rot, Schwarz und Natur (z.B. SULKY® Cotton 30)

**Zuschneiden:**

2 x Haus aus Stoff A (zuzüglich Nahtzugabe)
2 x Dach aus Stoff B (zuzüglich Nahtzugabe)
2 x Aufhänger aus Stoff C 4 x 15 cm
4 x Kamin aus schwarzen Stoffresten (zuzüglich Nahtzugabe, davon 2 x gegengleich)

**Nähen:**

Je ein Dach an ein Hausteil nähen. Fenster und Tür applizieren, siehe Lehrgang „Maschinenapplikation", Seite 49. Die Herzen aus Filz knappkantig aufsteppen.

Je zwei Kaminteile rechts auf rechts aufeinander, und zusammen auf Thermolam® legen. Beide äußeren und die oberen Kanten schließen. Nahtzugabe des Stoffes in den Ecken abschneiden. Kamine durch die schräge Kante wenden, knappkantig absteppen.

Karierten Rückseitenstoff in der Größe der Vorderseite zuschneiden, rechts auf rechts zusammenlegen und den Schornstein entsprechend der Markierung zwischen beide Stofflagen platzieren. Alles zusammen auf Thermolam® stecken.
Ringsum zusammennähen, untere Naht ein Stück geöffnet lassen. Nahtzugabe des Stoffes in den Rundungen ein- und an den Ecken abschneiden. Topflappen wenden und Wendeöffnungen schließen. Knappkantig absteppen und rings um Tür und Fenster quilten. Zwei Aufhänger nähen und mit den Holzknöpfen befestigen.

# Feines für Auge und Nase

## MATERIAL

- 0,25 m bordeauxroter Samt
- synthetische Füllwatte

**Zusätzlich:**
- Bouillondraht
- getrocknete Orangenscheiben, Zimtstangen, Sternanis, getrocknete Chilischoten, Goldsterne, kleine Tannenbaumanhänger

**Zuschneiden:**
Für jeden Stern die entsprechende Vorlage zweimal auf die Rückseite des Samtes übertragen und zuzüglich Nahtzugabe ausschneiden.

**Nähen:**
Die beiden Stoffteile rechts auf rechts aufeinander legen und ringsherum zusammennähen, dabei ein Stückchen der Naht zum Wenden geöffnet lassen. Nahtzugabe des Stoffes an den Spitzen zurückschneiden und an allen Innenecken bis kurz vor die Naht einschneiden.

**Fertigstellung:**
Den Stern wenden und die Spitzen mit einer Stopfnadel herausarbeiten. Mit der Füllwatte stopfen und die Wendeöffnung von Hand schließen.
Orangenscheiben und Dekoration auf die Mitte des Sterns kleben (Heißklebepistole). Den Stern mit dem Bouillondraht umwickeln, den Draht dabei etwas auseinander ziehen.

### TIPP

*Der Stern lässt sich auch aus Filz herstellen und eignet sich damit als vorweihnachtliches Bastelobjekt für Kinder. Die beiden Filzlagen nicht verstürzen, sondern knappkantig aufeinander steppen. Ein Stück der Naht zum Füllen geöffnet lassen. Den Stern mit Füllwatte ausstopfen und die restliche Naht schließen.*

## Samtsterne

**Größe:**
20 cm Durchmesser
**Vorlage:**
Seite 58
**Schwierigkeitsgrad:**
◆

*Eine schöne Verwendung für Spitzen, Borten und altes Leinen*

## Nadelkissen

**Größe:**
9 x 9 cm
**Vorlage:**
Seite 53
**Schwierigkeitsgrad:**
◆◆

## Nadelmäppchen

**Größe:**
9 x 9 cm
**Vorlage:**
Seite 53
**Schwierigkeitsgrad:**
◆◆

# Klein, aber fein

## Nadelkissen

### MATERIAL

- Leinenstoff
- Spitze
- kleine Perlmuttknöpfe

**Zusätzlich:**
- Stickvlies
- synthetische Füllwatte

### *HINWEIS*

Dieses Crazy-Muster wurde auf Stickvlies nach der Methode „Nähen nach Zahlen" genäht. Genauso gut lässt sich für dieses Modell ein frei genähter Crazy-Block verwenden.

**Nähen:**
Die Vorlage auf Stickvlies übertragen und zuzüglich Nahtzugabe ausschneiden. Die laufenden Nummern geben die Nähreihenfolge an. Die eingezeichneten Linien entsprechen den Nahtlinien. Die einzelnen Stoffteile grob zuschneiden, dabei auf eine ausreichende Nahtzugabe achten.

Das Stoffteil mit der Nummer 1 an der entsprechenden Stelle auf die Rückseite des Stickvlieses stecken, die rechte Stoffseite zeigt dabei nach oben. Teil 2 rechts auf rechts auf Teil 1 stecken und mit Stecknadeln fixieren. Das Papier umdrehen und entlang der Nahtlinie zwischen den Feldern 1 und 2 mit Stichlänge 1,5 nähen. Teil 2 umklappen und bügeln. Teil 3 und die weiteren Stoffstücke ebenso annähen.

Je nach Wunsch und Art der verwendeten Materialien, die Spitze beim Nähen mitfassen oder zum Schluss aufsteppen. Das Stickvlies auf der Rückseite vorsichtig aus den Nähten zupfen und den Block begradigen.

Rückseitenstoff entsprechend zuschneiden. Vorder- und Rückseite rechts auf rechts zusammenlegen, ringsherum zusammennähen, dabei an einer Kante ein Stück der Naht zum Wenden geöffnet lassen. Nahtzugabe in den Ecken zurückschneiden. Nadelkissen wenden, dann mit Füllwatte stopfen und die Wendeöffnungen schließen.

## Nadelmäppchen

### MATERIAL

- Leinenstoff
- Spitze
- kleine Perlmuttknöpfe

**Zusätzlich:**
- Stickvlies
- dünnes Volumenvlies
- Filz
- Maschinenstickgarn

### *HINWEIS*

Nähen des Crazy-Blocks wie beim Nadelkissen links.

| | | |
|---|---|---|
| Rückseite | Leinen | 10,5 x 10,5 cm |
| Innenseite | Leinen | 10,5 x 19,5 cm |
| Innentaschen | Filz | 4,0 x 4,0 cm |
| | | 5,0 x 6,5 cm |
| | | 2,5 x 7,5 cm |

**Nähen:**
Den fertigen Crazy-Block rechts auf rechts auf den Rückseitenstoff legen und entlang einer Kante füßchenbreit zusammennähen. Die beiden Hälften auseinander klappen und bügeln. Auf die Innenseite aus Leinen die Filzzuschnitte als Taschen aufsteppen, entweder mit einem Geradstich oder einem dekorativen Zierstich. Für einen Zierstich Maschinenstickgarn verwenden.

Außen- und Innenseite des Nadelmäppchens rechts auf rechts aufeinander legen, beides zusammen auf ein Stückchen Volumenvlies. Ringsherum zusammennähen, dabei an einer Längskante ein Stück der Naht zum Wenden geöffnet lassen. Volumenvlies bis kurz vor die Naht und die Nahtzugabe des Stoffes in den Ecken zurückschneiden. Nadelmäppchen wenden und die Ecken herausarbeiten. Die Wendeöffnung von Hand schließen und das Mäppchen einmal mittig durchsteppen, so dass es sich leichter zusammenlegen lässt. Nach Wunsch einen Druckknopf annähen.

FRÖHLICHE

# Grundkurs Nähen

**1. Stoffe**
Am einfachsten lassen sich Baumwollstoffe verarbeiten. Auch Leinen und Seide können Verwendung finden, stellen jedoch höhere Ansprüche an die Verarbeitung.

Sämtliche Stoffe aus Naturfasern können bei der ersten Wäsche einlaufen. Daher empfiehlt es sich, den Stoff vorzuwaschen und zu bügeln. Gerade bei dunkleren Stoffen wird mit dem Vorwaschen auch ein mögliches späteres Ausbluten der Farben verhindert. Bei helleren Farben reicht es häufig, die Stoffe sehr heiß mit Dampf abzubügeln, um den Schrumpfungsprozess vorwegzunehmen.

Die meisten Baumwollstoffe liegen ca. 115 cm breit. Daneben gibt es Stoffe mit Breiten zwischen 140 und 160 cm und extrabreite Rückseitenstoffe von 240 m Breite.

**2. Werkzeug**
Zur Grundausstattung gehören Rollschneider, Schneidematte und –lineal. Für den Einstieg empfiehlt sich ein Schneidelineal in der Größe 15 x 60 cm. Darauf eingezeichnet sind Winkel von 30°, 45° und 60°.

Ein wichtiges Hilfsmittel sind Markierungsstifte, z.B. zum Aufzeichnen der Quiltlinien. Neben selbstlöschenden Stiften gibt es auch wasserlösliche Stifte (beide von Prym). Damit gezeichnete Linien lösen sich beim Ansprühen mit Wasser auf oder verschwinden beim Waschen. Für dunkle Stoffe eignet sich ein Silberstift ebenso wie ein heller Kreidestift (beide z.B. von Prym). Wenn es auf eine besonders exakte Markierung ankommt (z.B. bei Y-Nähten), empfiehlt sich ein spitzer, weicher Bleistift.

Weiter notwendig ist eine gute Stoffschere für den genauen Zuschnitt von Rundungen und Applikationen.

**3. Die Nahtzugaben**
Die Modelle dieses Buches wurden mit einer Nahtzugabe von 0,75 cm genäht. Dies entspricht dem Standardfüßchen vieler Nähmaschinen. Der Abstand zwischen der mittleren Nadelposition und dem äußeren rechten Rand des Nähfüßchens (an dem der Stoff entlang läuft) beträgt 0,75 cm. Überprüfen lässt sich dies durch eine Naht ohne Garn auf Millimeterpapier. Sollte die eigene Maschine eine andere Nahtbreite haben, kann man die Nadelposition verändern oder die Nahtzugabe von 0,75 mit farbigem Klebestreifen auf der Stichplatte markieren.

Bei allen Patchworkarbeiten, die aus mehreren gleichen Blöcken bestehen, ist es empfehlenswert, vorab einen einzelnen Probeblock zu nähen. So kann man überprüfen, ob die vorgegebenen Maße erreicht werden.

**4. Berechnung der Nahtzugaben**
Wenn eigene Entwürfe umgesetzt werden sollen, sind Kenntnisse zur Berechnung der Nahtzugaben notwendig - insbesondere bei den Arbeiten mit Dreieckformen. Um das gewünschte Fertigmaß des Blockes zu erhalten, müssen die einzelnen Teile mit der richtigen Nahtzugabe zugeschnitten werden. Nach Möglichkeit sollten die äußeren Kanten des Blockes im geraden Fadenlauf gehalten sein, um ein Verziehen zu vermeiden. In den folgenden Zeichnungen ist der gerade Fadenlauf mit ◄──► und der schräge Fadenlauf mit ~~~ bezeichnet.

**Quadrat und Rechteck**

Schemazeichnung 1

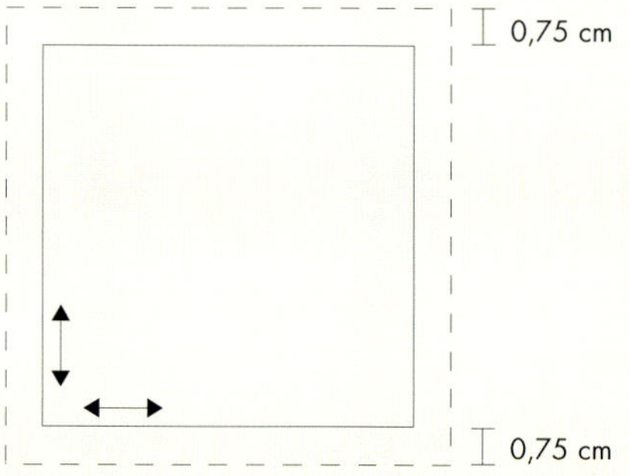


Die Zugabe von 0,75 cm pro Naht muss für jede Seite eingerechnet werden. Damit ergibt sich für die Zuschnittlänge und -breite eine Nahtzugabe von jeweils 1,5 cm (= 2 x 0,75 cm).

**MEMO:** Beim Quadrat oder Rechteck zur gewünschten fertigen Größe 1,5 cm addieren.

**Dreiecke aus halbierten Quadraten**

Schemazeichnung 2

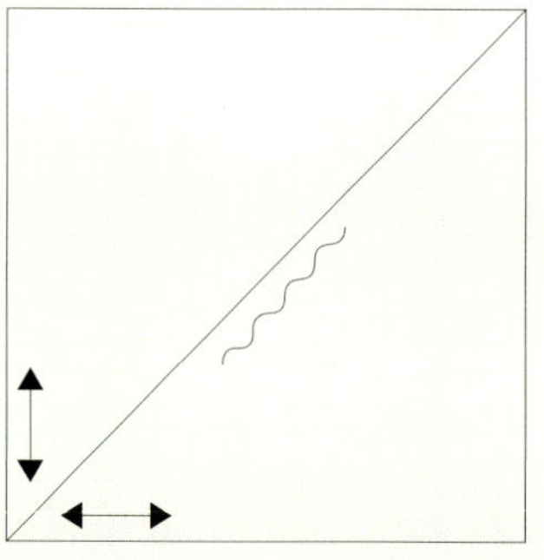

Für diese Dreiecke zunächst ein Quadrat zuschneiden und anschließend diagonal halbieren.

Schemazeichnung 3

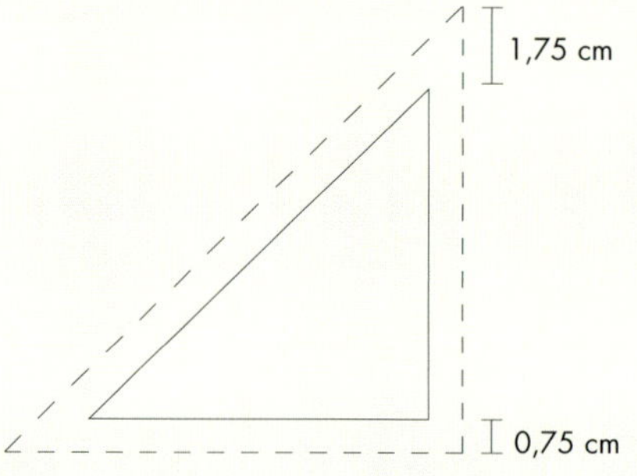

Die erforderliche Zugabe von 2,5 cm ergibt sich aus 0,75 cm (für die Seite, die am rechten Winkel anliegt) plus 1,75 cm (für die Seite des 45°-Winkels).

**MEMO:** Für die Nahtzugabe beim Dreieck aus halbierten Quadraten zur gewünschten Länge der kurzen Dreieck-Schenkel 2,5 cm addieren.

### Dreiecke aus geviertelten Quadraten

Schemazeichnung 4

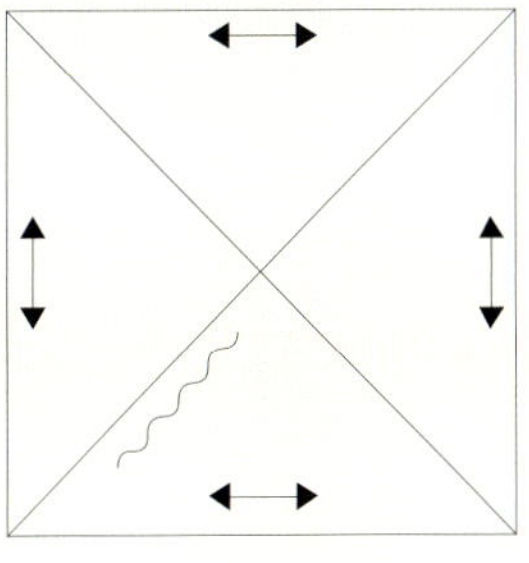

Für diese Dreiecke zunächst ein Quadrat zuschneiden und anschließend diagonal vierteln.

Schemazeichnung 5

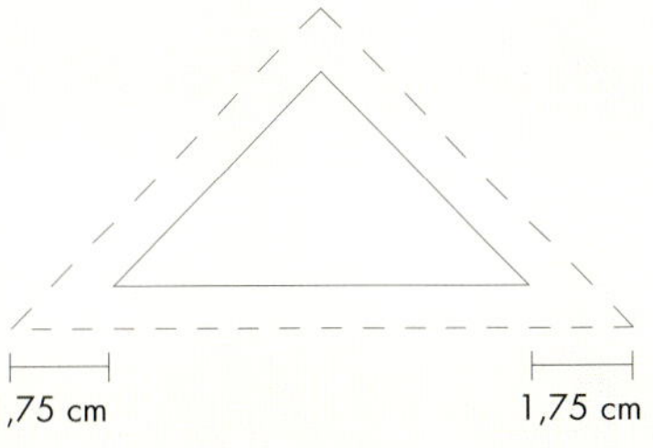


Hier beträgt die erforderliche Zugabe 3,5 cm als Summe von 2-mal 1,75 cm (für die Seiten des 45°-Winkels).

**MEMO:** Für die Nahtzugabe beim Dreieck aus geviertelten Quadraten zur gewünschten Länge für die lange Seite des Dreiecks 3,5 cm addieren.

**TIPP:** Rein rechnerisch ergibt sich bei einem geviertelten Quadrat eine Nahtzugabe von 3,5 cm. Praktisch ist es aber gerade für Anfänger empfehlenswert, darauf einen Sicherheitszuschlag von 0,25 cm zu rechnen, da die einzelnen Teile bei 3,5 cm oft etwas zu klein geraten. Zugabe dann 3,75 cm.

## 5. Vorlagen übertragen

Die einzelnen Vorlagen befinden sich im Vorlagenteil (Seite 52–61). Bei jedem Modell ist angegeben, wie oft die Vorlage auf den Stoff übertragen werden muss (z.B. 2 x für die Ohren). Schnittmuster, die gegengleich gearbeitet werden müssen, enthalten den Hinweis „gegengleich". Dabei ist das Motiv einmal original und einmal gespiegelt zuzuschneiden.

Zum exakten Übertragen die einzelnen Teile auf Transparentpapier abpausen. Das Papier auf dünnen Karton kleben und entlang der Außenkontur exakt ausschneiden. Diesen Umriss dann auf die Rückseite des Stoffes übertragen.

## 6. Applikationen

Durch Applizieren lassen sich schnell und einfach dekorative Motive auf den Stoff bringen. Man unterscheidet zwischen Maschinenapplikation und verschiedenen Handnähmethoden.

### Maschinenapplikation

Bei der Maschinenapplikation werden die einzelnen Motivteile in der passenden Größe – ohne Nahtzugabe – zugeschnitten. Die offenen Stoffkanten werden mit einem dichten Zick-Zack-Stich vor dem Ausfransen geschützt. Als Hilfsmittel verwendet man eine beidseitig klebende Bügelhilfe, z.B. Vliesofix® von Freudenberg, das auf einem Trägerpapier haftet. Durch Bügeln werden die Motive auf dem Untergrundstoff fixiert.

### So wird es gemacht:

**1.** Die Konturen des Applikationsmotivs auf das Trägerpapier des Vliesofix® übertragen. Dabei beachten, dass die Motive später seitenverkehrt erscheinen.
**2.** Das Motiv großzügig ausschneiden.
**3.** Auf die Rückseite des Stoffes der Applikation aufbügeln.
**4.** Motiv entlang der aufgezeichneten Konturen exakt ausschneiden.
**5.** Trägerpapier abziehen.
**6.** Motiv an gewünschter Stelle aufbügeln.
**7.** Einen Applikationsfuß in die Nähmaschine einsetzen und die Oberfadenspannung etwas lösen. Farblich passendes Maschinenstickgarn als Oberfaden verwenden.
**8.** Stickvlies unter den Trägerstoff legen, um einen besseren Stofftransport zu gewährleisten.
**9.** Die offenen Stoffkanten mit Satinstich bedecken. Dazu den Zick-Zack-Stich auf eine Stichlänge von 0,25–0,3 mm einstellen, die Stichbreite beträgt 4–5 mm.
**10.** Nach Fertigstellung der Applikation das Stickvlies vorsichtig von der Rückseite abreißen.

### Maschinenapplikation mit Zierstich

Bei dieser Variante der Maschinenapplikation werden die äußeren Stoffkanten nicht mit Satinstich, sondern mit Zierstich versäubert. Häufig verwendet man dafür den Knopflochstich (auch Langettenstich) genannt. Damit erreicht man eine Optik im Country-Stil, siehe auch Modell „Kaminkette" Seite 20. Wird dieser Zierstich mit der Nähmaschine durchgeführt, benötigt man einen Stabilisator, um ein Verziehen des Stoffes zu vermeiden. Bei Modellen, die später gewaschen werden sollen, wie z.B. Topflappen, empfiehlt sich ein wasserlösliches Stickvlies (SULKY® Ultra Solvy). Bei Dekorationsgegenständen kann das Stickvlies unter der Applikation verbleiben.

**Needle-turn-Applikation**
Dies ist eine Handapplikation. Die Motive werden zuzüglich Nahtzugabe aus Stoff ausgeschnitten. Zum Applizieren wird die Nahtzugabe mit Hilfe der Nähnadel unter die Applikation geschoben (= needle-turn) und die Kante mit kleinen Stichen auf den Untergrundstoff genäht. Als Hilfsmittel verwendet man ein Stickvlies mit einer speziellen Klebebeschichtung zum Aufbügeln, z.B. SULKY® Totally Stable. Der Klebekraft dieser Beschichtung ist nur schwach und der Kleber lässt sich rückstandfrei entfernen.

**So wird es gemacht:**
**1.** Das Motiv auf die matte Seite des SULKY® Totally Stable abpausen.
**2.** Die einzelnen Elemente entlang der aufgezeichneten Außenkonturen ausschneiden. Die Einzeleile auf die rechte Seite des Applikations-Stoffes bügeln.
**3.** Alle Teile zuzüglich Nahtzugabe von ca. 5 mm ausschneiden. Bei Rundungen oder Innenecken die Nahtzugabe bis kurz vor die Vlieskante mehrfach einschneiden. Bei spitzen Außenecken (z.B. Blattspitze) die Nahtzugabe etwas zurückschneiden.
**4.** Die einzelnen Applikationsteile auf den Trägerstoff stecken. Mit Hilfe eines „Überlegers" kann der exakte Sitz der Teile überprüft werden. Dazu die Vorlage mit einem Permanentstift auf eine Klarsichthülle übertragen und die Platzierung der Teile mit diesem „Überleger" kontrollieren.
**5.** Die aufgesteckten Applikationsteile entlang der umgeklappten Kante mit kleinen Stichen (Blindstich) aufnähen.
**6.** Auf der Rückseite den Stoff unter dem Applikationsmotiv bis an die Nahtzugabe wegschneiden.

## 7. Zierstiche
Nähmaschinen verfügen über die unterschiedlichsten Zierstiche. Im Benutzerhandbuch gibt es Informationen über die Art der Zierstiche und die Einstellung der eigenen Nähmaschine.
Für alle Zierstiche gibt es ein paar grundsätzliche Regeln, um ein optimales Ergebnis zu erzielen:
• Maschinenstickgarn als Ober- und Unterfaden verwenden
• ggf. Oberfadenspannung etwas lösen
• einen Stabilisator unterlegen, um ein Verziehen des Stoffes zu vermeiden
• bei sehr dichtem Zierstich, den Stabilisator 2–3-fach gelegt verwenden
• ein wasserlöslicher Stabilisator lässt sich leicht aus dem Stoff entfernen
• falls möglich, an der Nähmaschine die Nadelposition auf „unten" einstellen
• Faden-Anfang und -Ende etwas länger lassen, auf die Rückseite ziehen und dort vernähen
• Für eine Ecke den Zierstich entsprechend des Musters bis kurz vor den Eckpunkt nähen. Mit einem Geradstich genau bis auf den Eckpunkt nähen. Die Nadel im Stoff versenkt lassen und den Stoff um 90° drehen. Vor der Ecke aus neu mit dem Zierstich beginnen.
Bei breiten Zierstichen kann es auch nötig sein, von der Ecke aus mit einigen wenigen Geradstichen zu beginnen und erst dann den Zierstich anzuschließen.
• Zierstiche zuerst auf einem Probelappen testen, um die Maschineneinstellung zu überprüfen. Bei einem Probelappen sollten grundsätzlich die gleichen Bedingungen herrschen, wie bei dem Originalteil. Das bedeutet:
- gleicher Stoff
- gleiche Maschineneinstellung
- gleicher Stabilisator
- gleiches Garn

## 8. Quilten
Das Wort „Quilten" ist ein Ausdruck des englischen Sprachgebrauchs und bedeutet steppen. Ein „Quilt" bezeichnete ursprünglich eine gesteppte Decke. Heute wird der Ausdruck „Quilt" nicht nur für Gebrauchsdecken verwendet, sondern auch für textile Kunst, die als Wandobjekt Verwendung findet. Charakteristisch für einen Quilt sind die drei Lagen, aus denen er zusammengesetzt ist:
- die oberste Lage (auch Top oder Schauseite genannt)
- eine Zwischenlage aus Volumenvlies
- die Rückseite

Durch die Zwischenlage aus Volumenvlies werden die Steppnähte plastischer. Das Quilten selbst kann mit der Hand oder mit der Nähmaschine erfolgen. Handgequiltete Linien haben einen weicheren Charakter, während maschinengequiltete Linien strenger wirken.

Maschinenquilten eignet sich besonders für Wandquilts, Kissen und Tischdecken. Werden Gebrauchsquilts mit der Maschine gequiltet, sollten die Abstände zwischen den einzelnen Quiltlinien größer gewählt werden, damit der Quilt nicht zu steif wird. Zum Maschinenquilten werden die drei Lagen (Top – Vlies – Rückseite) mit Sicherheitsnadeln zusammen gesteckt. Beim Handquilten empfiehlt es sich sehr, die Lagen mit größeren Heftstichen zu fixieren.

Beim Quilten mit der Nähmaschine wird häufig „im Schatten der Naht" gequiltet. Dabei verläuft die Quiltlinie direkt an der Naht entlang, und zwar gegenüber der Seite, zu der die Nahtzugabe gebügelt worden ist. Je nach Verwendungszweck kommen unterschiedliche Vliese zum Einsatz. Thermolam® ist ein isolierendes Volumenvlies, das sich für Topflappen eignet. Für Tischdecken ist dünnes Vlies geeignet. Für „Kuschelquilts" ist dagegen ein etwas dickeres Vlies zu empfehlen.

## 9. Randeinfassung
Mit der Randeinfassung werden die drei bereits gequilteten Lagen eines Quilts versäubert. Da die Kante eines Quilts besonders beansprucht wird, ist die Randeinfassung aus doppelt gelegtem Stoff gearbeitet. Für eine füßchenbreite (0,75 cm) Einfassung werden Streifen in 6,5 cm Breite benötigt.

Die Randeinfassung in folgenden Arbeitsschritten nähen:
**1.** Vier Streifen von 6,5 cm Breite zuschneiden, davon zwei Streifen genau so lang wie die Seitenlänge des Quilts.
**2.** Die Streifen links auf links der Länge nach mittig falten (also auf 3,25 cm).

**3.** Mit den offenen Kanten nach außen die Streifen bündig an zwei gegenüberliegenden Außenkanten der Quiltoberseite anlegen und feststecken.
**4.** Füßchenbreit annähen.
**5.** Die beiden Einfassungen so zur Quiltrückseite umschlagen, dass die rückwärtige Naht gut verdeckt wird. Mit Stecknadeln fixieren.
**6.** Die zwei Streifen für die anderen beiden Seiten des Quilts 4 cm länger als die entsprechende Seitenlänge zuschneiden.
**7.** Streifen ebenfalls zur Hälfte falten und bündig an die anderen zwei gegenüberliegenden Außenkanten des Quilts stecken. Die 2 cm, die an jeder Seite überstehen, um die Ecken herum nach hinten schlagen. Füßchenbreit annähen.
**8.** Die Nahtzugabe in den Ecken etwas zurückschneiden.
**9.** Die zwei seitlich angenähten Steifen ebenfalls so weit nach hinten umschlagen, dass die rückwärtige Naht verdeckt wird.
**10.** Mit Stecknadeln fixieren und alle vier Streifen im Nahtschatten der Vorderseitennaht annähen.
Sind die Seiten eines Quilts länger als die Stoffbreite, müssen die Streifen für die Randeinfassung durch Aneinandernähen verlängert werden. Damit die Naht nicht zu stark aufträgt, empfiehlt sich folgende Methode:

Die Enden von zwei 6,5 cm breite Streifen im 90°-Winkel rechts auf rechts aufeinander legen und im 45°-Winkel zusammennähen. Den überstehenden Stoff bis auf die Nahtzugabe zurückschneiden und die Nahtzugabe auseinander bügeln.

### TIPP

Einen eher ruhigen Eindruck erhält man, wenn die Endeinfassung aus dem gleichen Stoff gearbeitet wird, wie der letzte Randstreifen. Eine belebende Wirkung erhält man, wenn die Farbe im Kontrast zum letzten Randstreifen steht, sie sollte jedoch einen Bezug zu den Stoffen der Quiltoberfläche haben.

## Elch im Log-Cabin Muster

**Seite 8, Schemazeichnung**
Die Verteilung der verschiedenen Log-Cabin-Blöcke und die Anordnung der Blöcke im Quilt

Tischset mit Krone, **Seite 40, Querformat, Vorlage um 150% vergrößern (= 30 x 26 cm)**

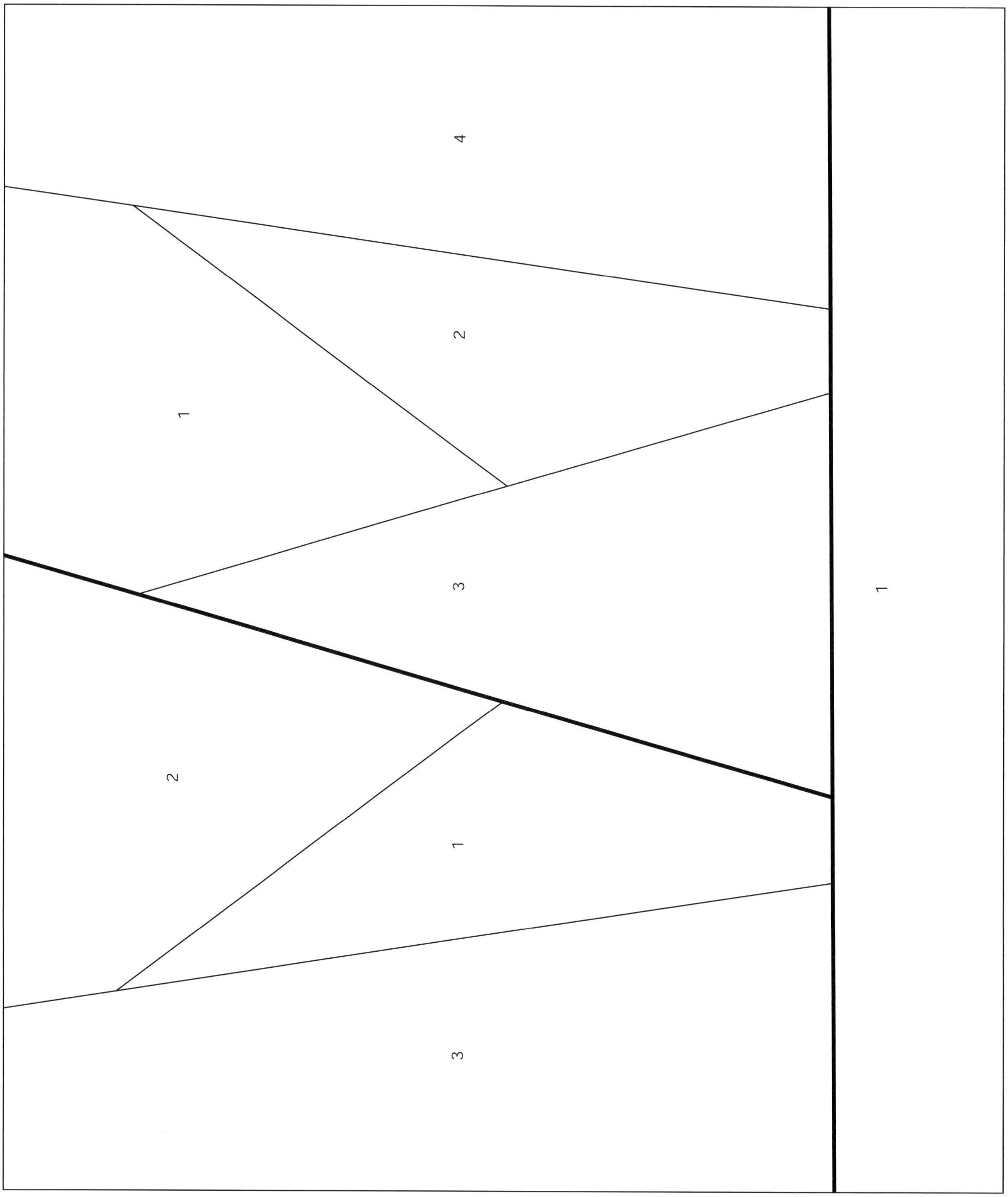


fett gedruckte Linien = Segmente

Country Elch, **Seite 11, Originalgröße**

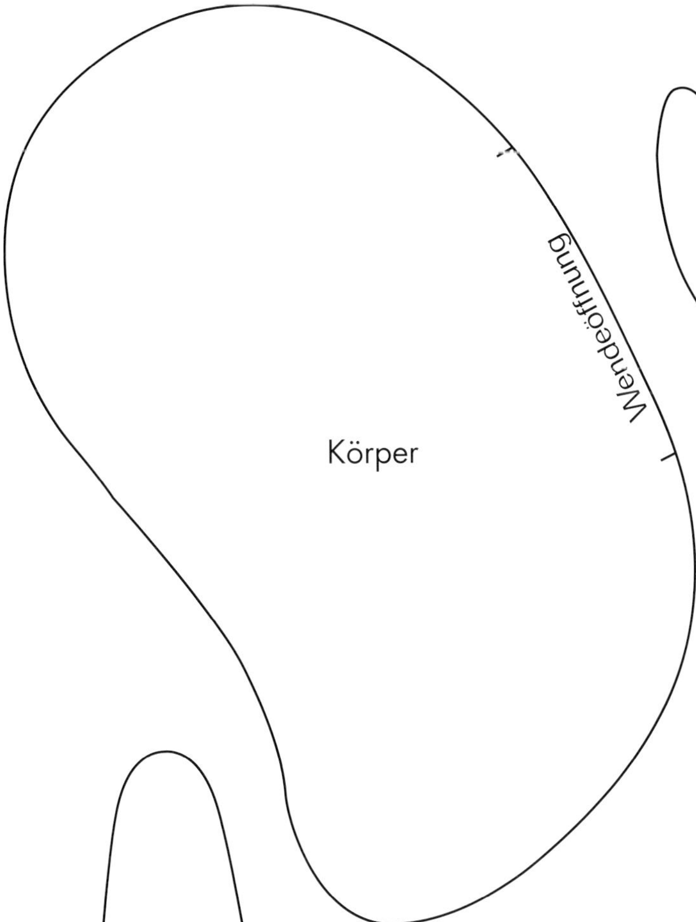


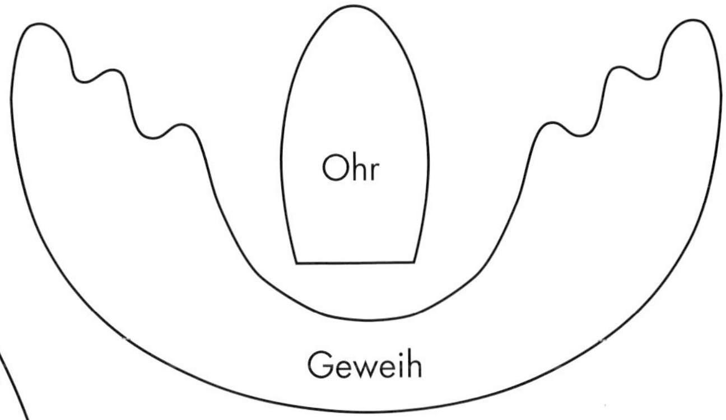


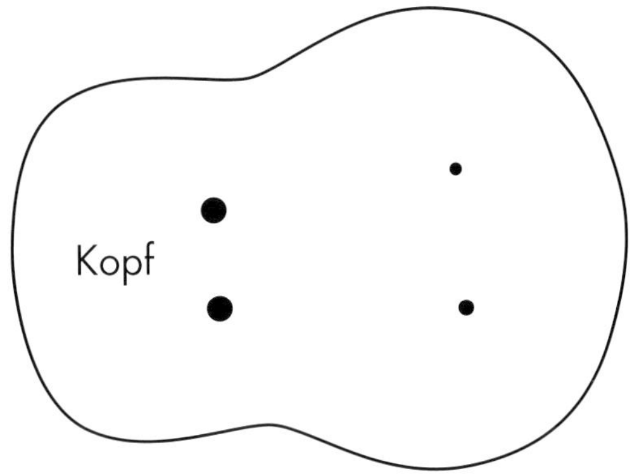


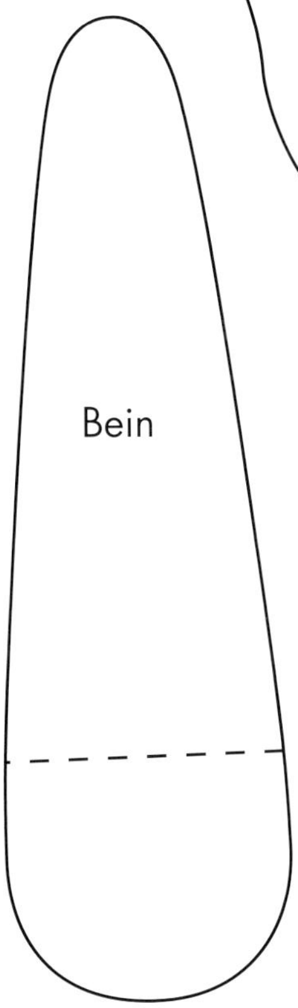


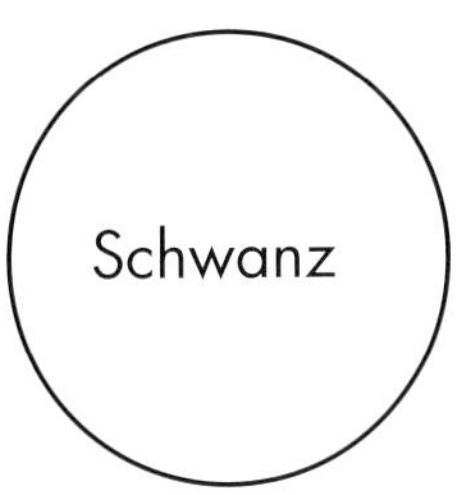


Crazyblock für Nadelkissen und -mäppchen, **Seite 46**

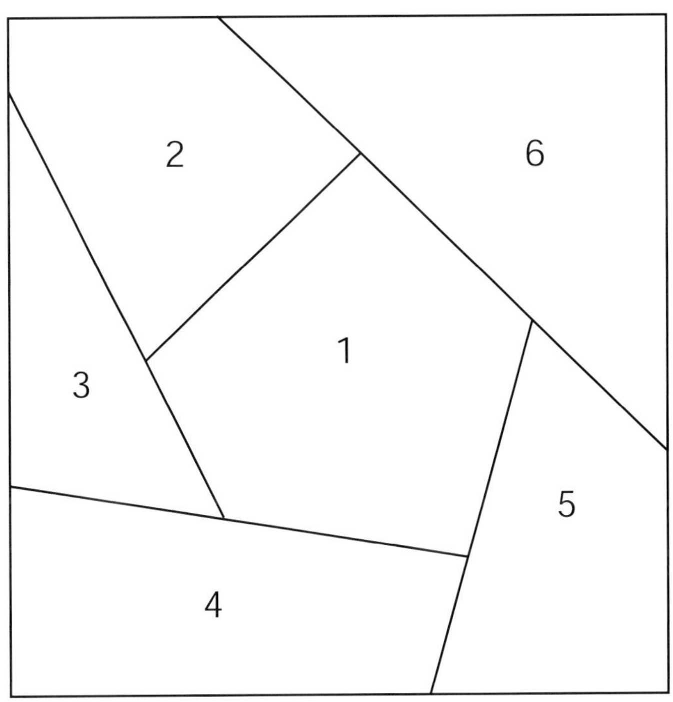


**Originalgröße**

Herzanhänger, **Seite 22, Originalgröße**

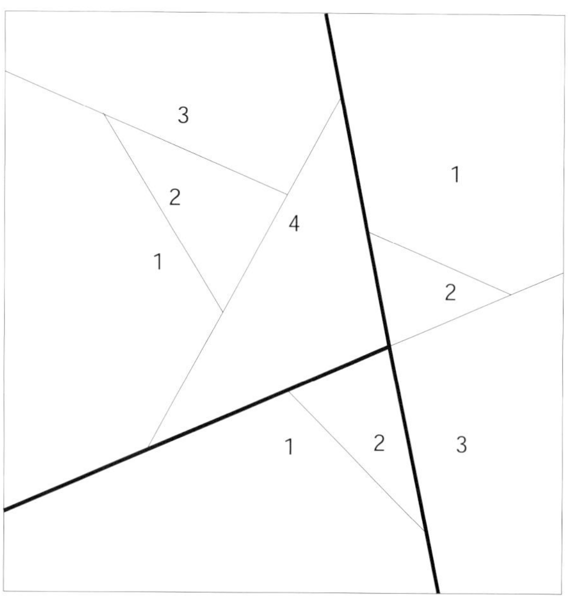


Quilt mit Schlaufen

**Seite 16, Vorlage für den Stern um 130% vergrößern (= 10 x 10 cm)**

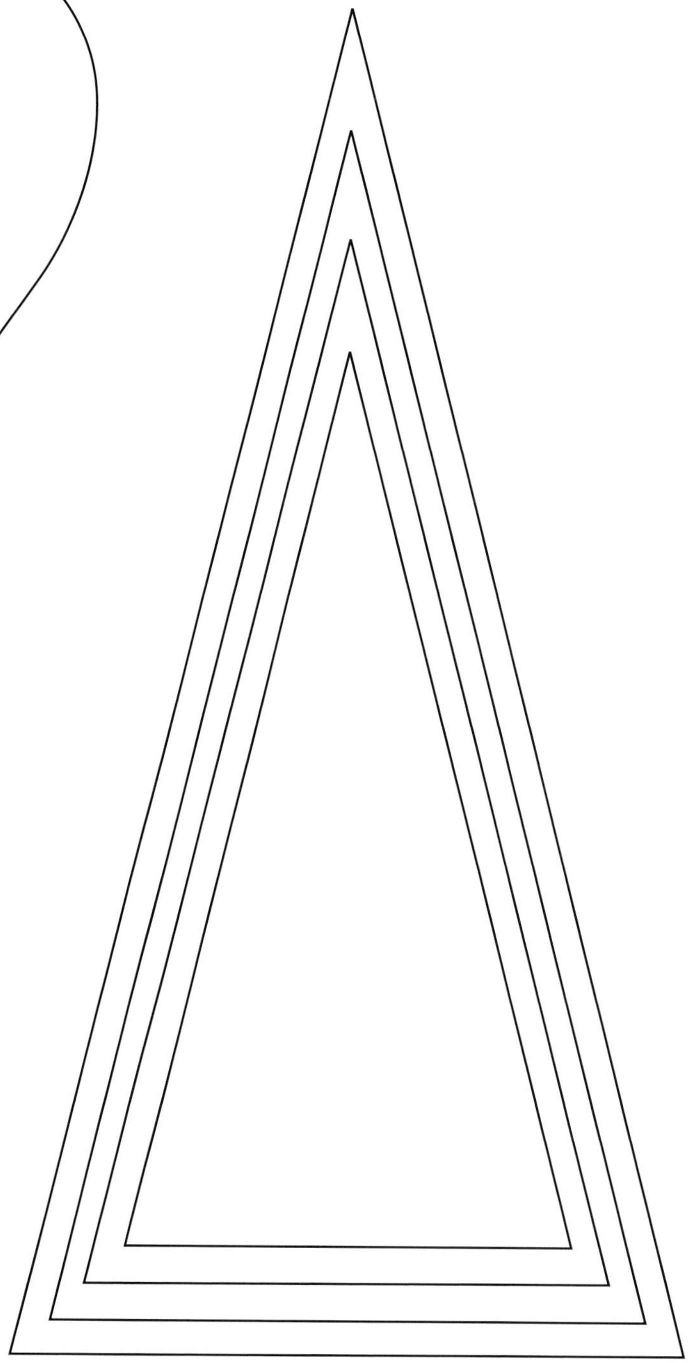

Tannenbäume

**Seite 14, 4 Größen in Originalgröße**

Quilt mit Schlaufe, **Seite 16, Vorlage um 147% vergrößern (= 30,5 x 25 cm)**

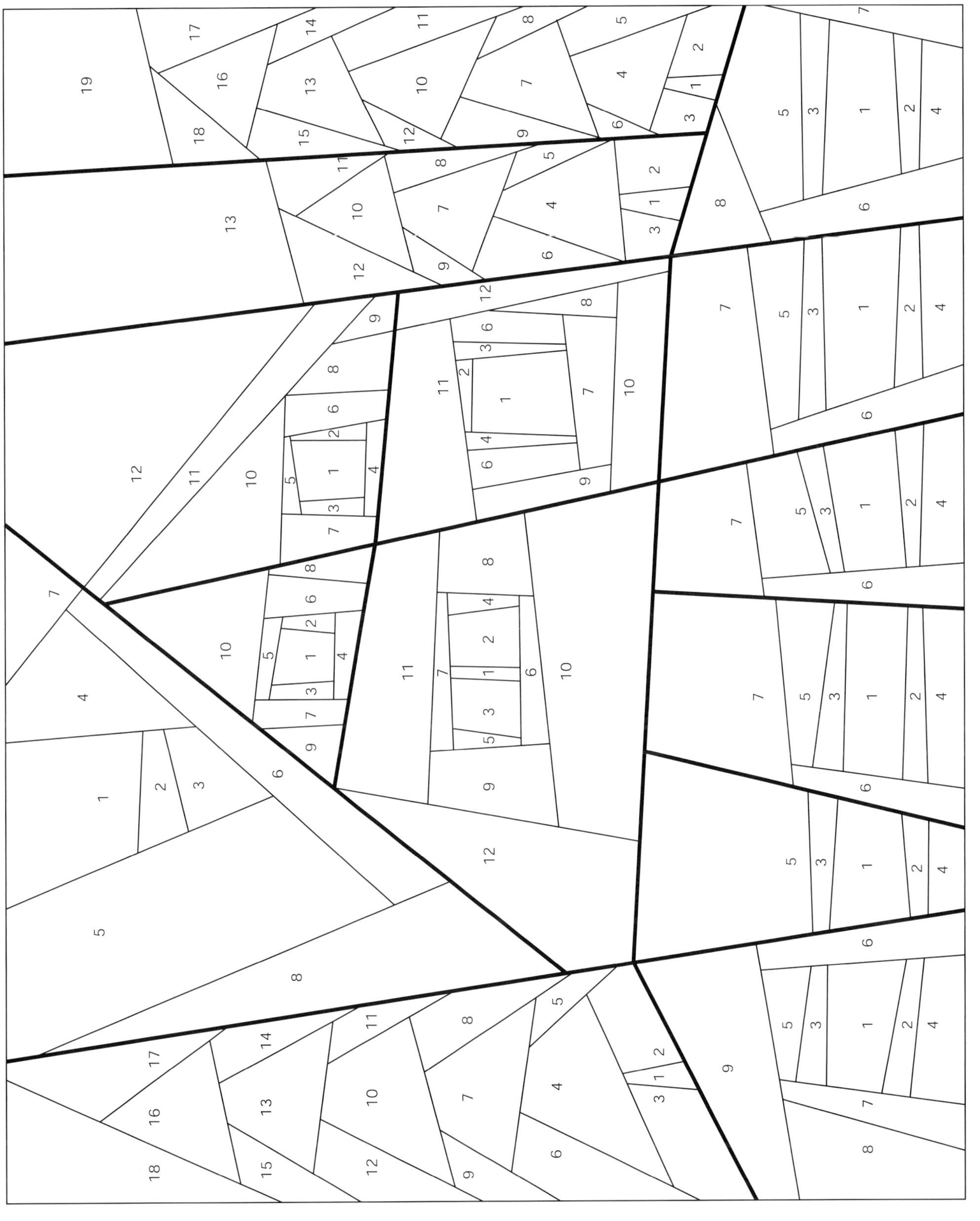

fett gedruckte Linien = Segmente

Kaminkette, **Seite 20, Originalgröße**

Kleines Elchkissen, **Seite 30, Originalgröße. Für das große Kissen Vorlage um 141% vergrößern.**

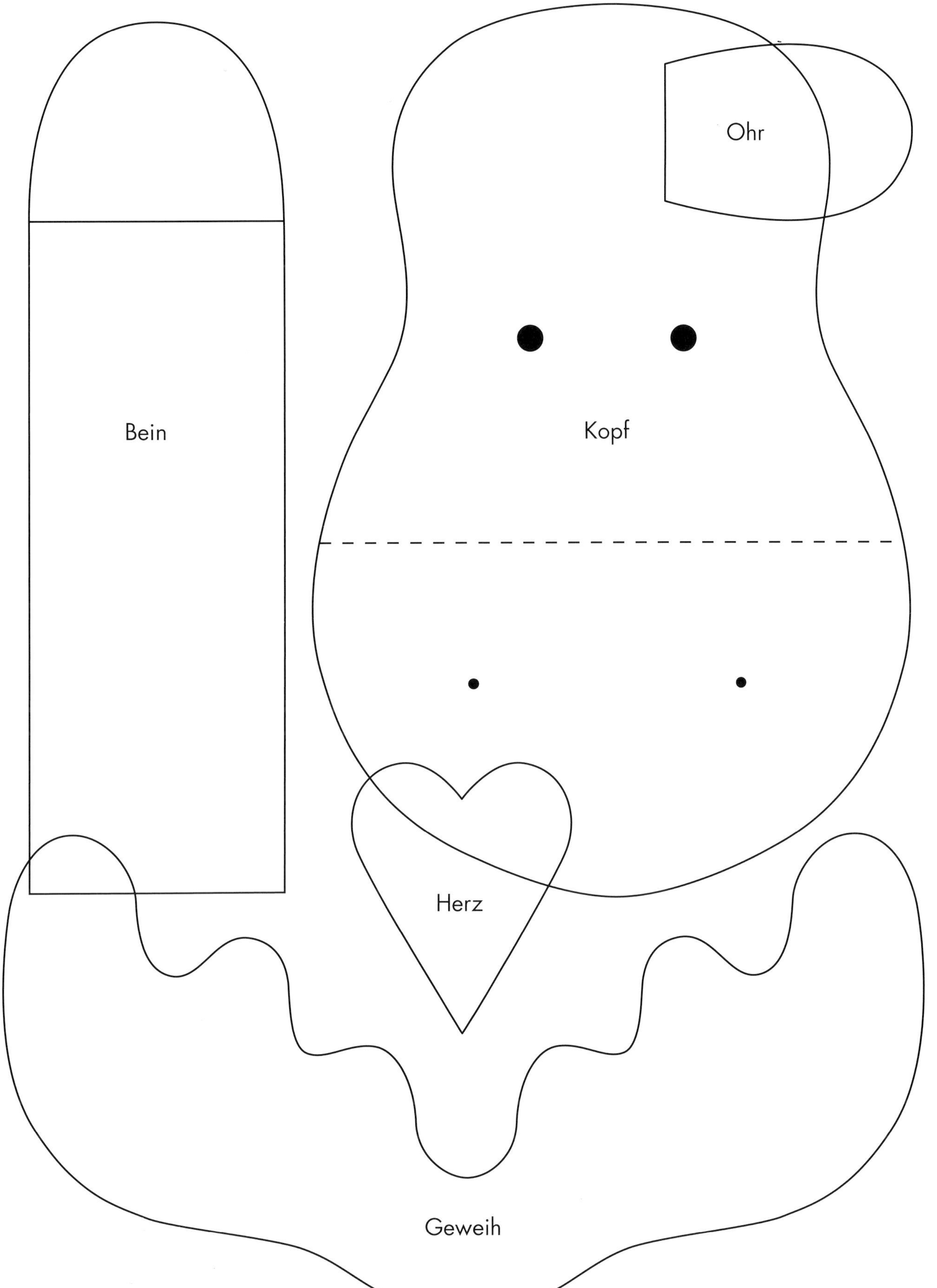

Ilex-Blatt für Tischdecke, **Seite 12, Originalgröße**

Kleine Sterne für die Geschenkbeutel

**Seite 18,**
**Vorlagen um 124% vergrößern**

Großer Stern

**Seite 45,**
**Vorlagen um 124% vergrößern**
**(= 20,5 cm von Spitze zu Spitze)**

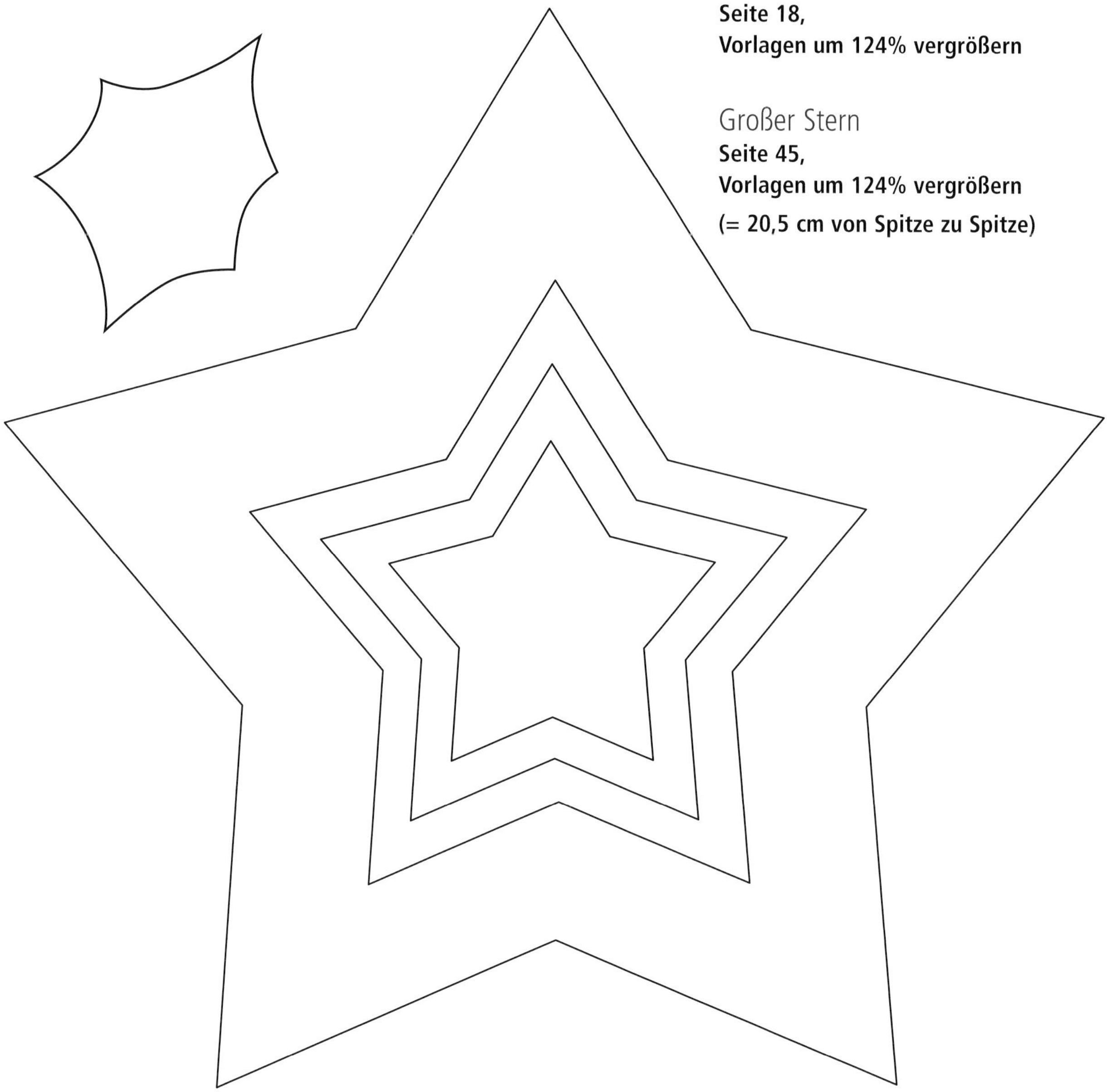

Orientalische Stadt

**Seite 36, 2. Stern,**
**Vorlage in zwei Schritten um**
**200% und 137% vergrößern**
**(= 20 x 20 cm)**

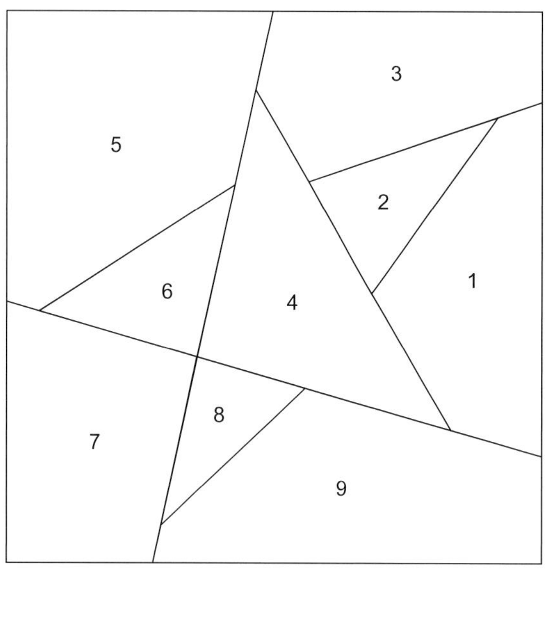

Orientalische Stadt, **Applikation, Seite 36, Vorlagen um 194% vergrößern (= 33 cm breit)**

Nikolausstiefel
mit Applikationen,
**Seite 42,**
**Stiefel um 170% vergrößern**
**(ca. 40 cm hoch)**

**Applikationsmotive**
**in Originalgröße**

Geschenkbeutel

**Seite 18**

**Originalgröße**

*Merry Christmas*

Topflappen

**Seite 44**

**Vorlage um 119% vergrößern**

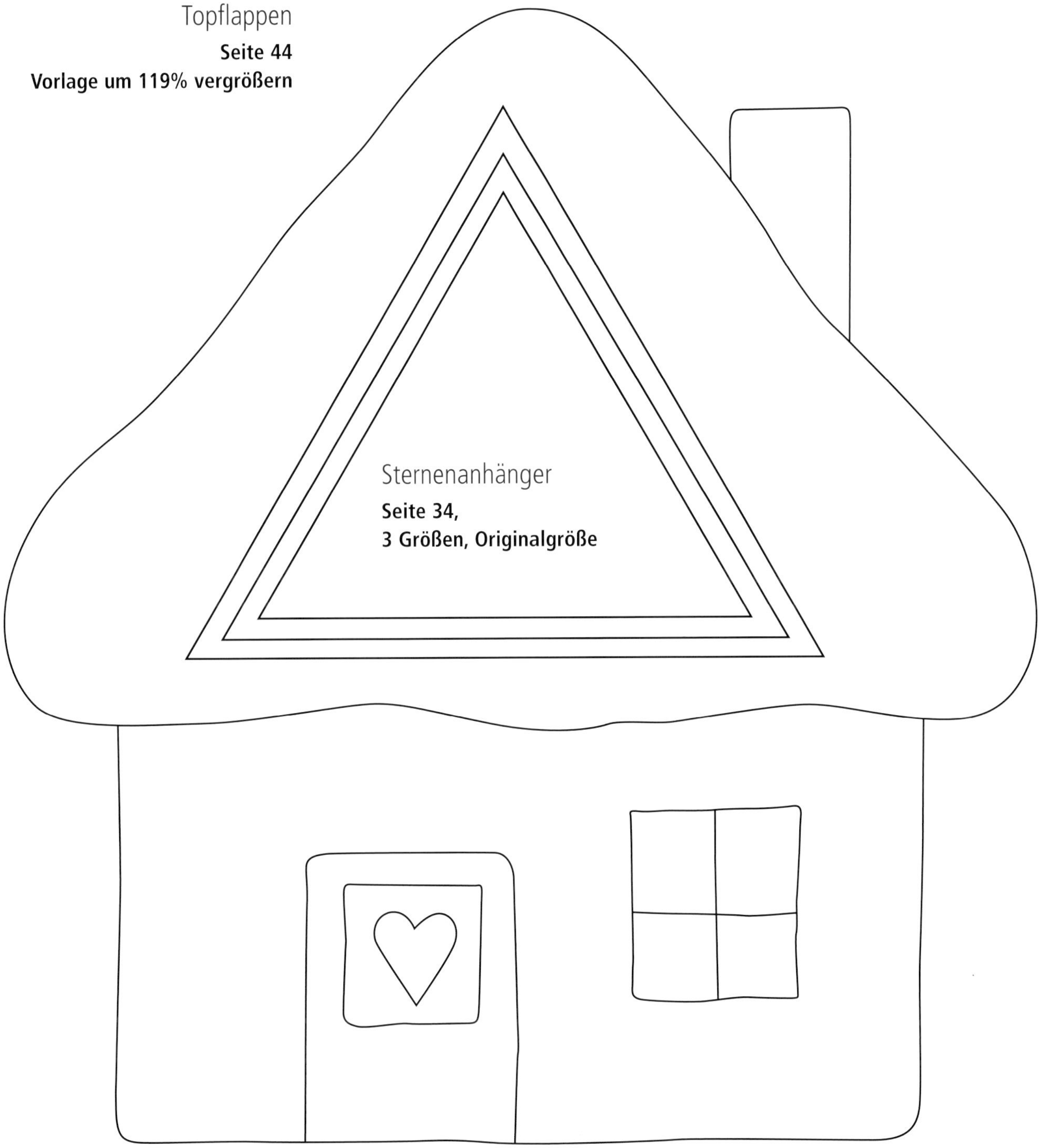

Sternenanhänger

**Seite 34,**

**3 Größen, Originalgröße**

**16 cm**

# Impressum


**Entwürfe und Modelle:**
Christa Rolf
**Lektorat und Fachkorrektur:**
Bernadette Mayr
**Redaktion:**
Anke Sturm
**Fotos:**
Hermann Mareth
**Styling:**
Elke Reith
**Schema- und Vorlagenzeichnungen:**
Kevin Lange, Ortenberg, außer:
Gisela Pugni Spatz (Seiten 38/39 Sternzeichnungen, 48/49, 51 oben, 58 unten)
**Elch-Illustrationen:**
Werner Schultze
**Layout:**
Dieter Richert, www.designreporter.com
**Umschlaggestaltung:**
Stefan Hagen
**Reproduktion:**
Baun PrePress, Fellbach
**Druck und Verarbeitung:**
J. P. Himmer, Augsburg

**2. Auflage, 2006**

**ISBN-10: 3-89858-698-7**
**ISBN-13: 978-3-89858-698-6**
**(gültig ab 1.1.2007)**




# Dank


Die Autorin dankt den Firmen:
Gütermann-SULKY (Gutach i. Br.) für Stabilisatoren, temporären Sprühkleber, Quilt- und Maschinenstickgarne;
Freudenberg Vliesstoffe KG (Heidelberg) für Volumenvlies, Thermolam® und Vliesofix®;
Rayher Hobby GmbH für Filz, synthetische Füllwatte, Perlen (über den Hobby- und Bastelfachhandel);
Prym Consumer GmbH & Co. KG (Stolberg) für Schneidelineale, Schneidematten, Rollschneider, Markierungsstifte;
Westfalenstoffe AG (Münster).

Alle Modelle dieses Buches wurden mit einer Bernina Artista 200 genäht.
Für die Requisiten danken wir Car selbstbau (Henstedt/Ulzburg) und IKEA Einrichtungshaus GmbH (Hofheim-Wallau).
Der Kranz auf Seite 23 wurde freundlichst von Tanja Franz, Offenburg (Zell-Weierbach), zur Verfügung gestellt.




Autorin und Verlag haben die größtmögliche Sorgfalt walten lassen, um sicherzustellen, dass alle Angaben und Anleitungen korrekt sind, können jedoch im Falle unrichtiger Angaben keinerlei Haftung für eventuelle Folgen, direkte oder indirekte, übernehmen. Die gezeigten Materialien sind zeitlich unverbindlich. Der Verlag übernimmt für Verfügbarkeit und Lieferbarkeit keine Gewähr und keine Haftung.

Farbe und Helligkeit der in diesem Buch gezeigten Stoffe, Materialien und Modelle können von den jeweiligen Originalen abweichen. Die bildliche Darstellung ist nicht verbindlich. Der Verlag übernimmt keine Gewähr und keine Haftung.